愛知大学東亜同文書院ブックレット

❶

東亜同文書院とわが生涯の100年

安澤隆雄
（東亜同文書院25期生）

●目　次●

愛知大学東亜同文書院大学記念センター／オープン・リサーチ・センター主催

東亜同文書院と我が生涯の100年

講師 **安澤隆雄** 氏（東亜同文書院25期生）

1901年（明治34）中国の上海に開学した東亜同文書院は、のちに大学へ昇格するほど発展をとげ、終戦による閉学までに約五千人の卒業生を数えた。卒業生の多くは戦後の日本経済を各分野で支え、書院は「幻の名門東亜同文書院」と称されもした。

安澤氏は、大正14年に入学した書院25期生である。隆盛期の書院と雲南の幾重もの山々と峡谷を越え、ビルマへ徒歩による文字通りの「大旅行」を敢行した経験者でもある。そのような書院生活をふまえ、その後の豊かで変化に富んだ100歳を数えるまでの人生についてお話をいただく。

現代史の真っ只中で学んだ先達の**体験記**

[illegible]より、右から二人目が安澤氏

プログラム

13:20～13:50
東亜同文書院大学記念センター展示室説明会※

14:00～16:00
講演会

16:00～17:00
懇親会（愛知大学豊橋校舎 梢風館（リュミエール））

※13時20分より、愛知大学東亜同文書院大学記念センター展示室の説明会も実施いたしますので、ご希望の方はお早めにご参集下さい。

中国・上海にあった東亜同文書院虹橋路校舎

◆日時＝**2006年7月22日（土）**14時～　◆場所＝**愛知大学豊橋校舎 本館5階第3・4会議室**

事前申込み不要　お問合せ◆愛知大学東亜同文書院大学記念センター　〒441-8522 豊橋市町畑町1-1（豊橋鉄道渥美線愛知大学前駅下車すぐ）
TEL 0532-47-4139（直）　FAX 0532-47-4196（直）

◉ 東亜同文書院生の生活 ◉

授業風景

全寮制４年間の寮生活は、運動に学習に、多数の各県出身の学生達と交流して、書院伝統の精神を体得し、将来活動の元になる気力体力を養う坩堝でありました。400人の学生が一つ釜の飯で交流して、まるで「一家」という感じで、便利な快適な生活でした。

自習室

講　堂

碁打ち

喫茶室

食 事
六品のおかずに半搗き米

銅鑼が鳴ると400人が大食堂に集まる

渡り廊下

使いなれた洗面所

大浴場

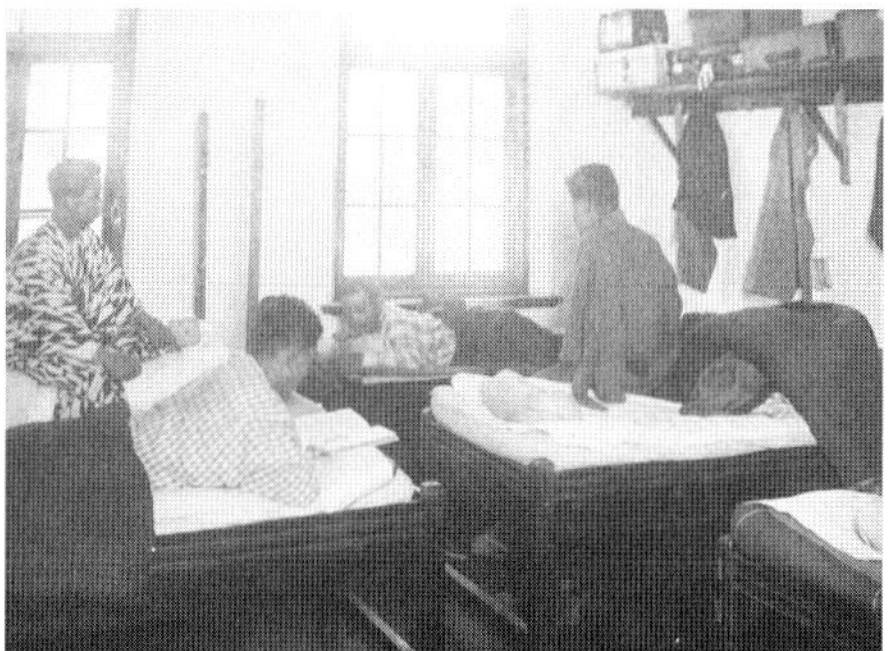

寝 室

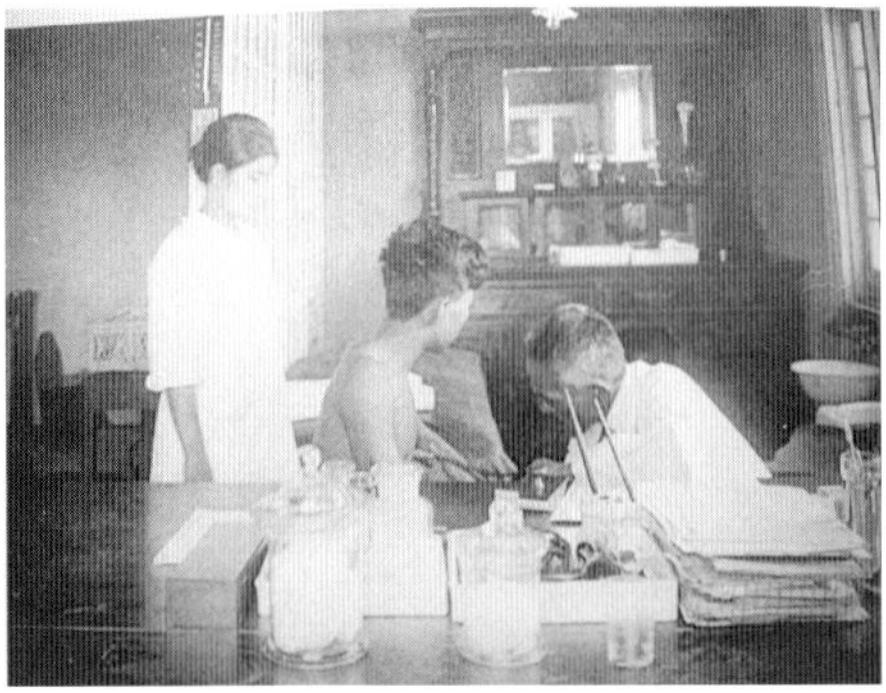

書院敷地内にある病院

散 髪

五月の「寮祭」

輝かしい成績を誇る柔道部

上海リーグ優勝 相撲部

ごあいさつ

武田　愛知大学学長の武田信照でございます。本日は愛知大学東亜同文書院大学記念センターの講演会にこのように多数ご出席いただきまして大変ありがとうございます。垂れ幕にオープン・リサーチ・センター主催という表示がございますけれど、それについて少しお話しさせていただきます。平成一八年度から、文部科学省がやっております私立大学学術研究高度化推進事業の一つとしてオープン・リサーチ・センター事業というものがあり、その特別補助事業の対象として採択をされました。どういう事業を考えているかと言いますと、一つには、大学記念館に東亜同文書院と愛知大学の歴史を記した展示室がございますが、これを拡充するということ。それからもう一つは愛知大学東亜同文書院大学記念センターが所蔵しております収蔵物を全国的にオープンにしていく。また収蔵物の展示の全国化を図っていこうということで、第一回目を今年一一月に横浜で開くことになっております。順次日本の各地で所蔵の品を展示する予定で、そういう形で東亜同文書院についての認識をさらに全国的に高めていきたいと考えております。

もう一つ大きな柱は、東亜同文書院に関する研究でございまして、この研究会を通じて研究者を育成しつつそういう事業を展開していこうというふうに思っております。今日がその第一回目になりますが、こうした同文書院に関わる講演会であるとか、その研究の成果を公表する形でシンポジウムを開き、その際たんに日本国内の研究だけではなく、国際的な形でシンポジウムも展開する。そうした成果をまとめて定期的に報告集あるいはレポート等々を発刊していこうと考えています。

補助の期間は五年間で、愛知大学の支出分を含めて全体の事業費が二億円という事業です。その記念すべき第一回目の事業が今日の講演会です。この第一回目の講演会に、東亜同文書院の卒業生である安澤隆雄さんをお迎えすることができました。遠路愛知大学までお越しいただきまして大変ありがとうございます。お礼を申しあげます。安澤さんは、東亜同文書院の第二五期のご卒業です。今年一〇〇歳になられますが大変お元気です。私も東京で行なわれる滬友会*の関係のいろいろな会合に出た際によくお目にかかっておりますけれども、いつも元気でご出席されています。最長老ということで、懇親の席でいつも乾杯の音頭を大声でとっていらっしゃる。それが私にも楽しみの一つです。

滬友会（こゆうかい）……上海にかつてあった日本の学校「東亜同文書院」のちの「東亜同文書院大學」は一九〇一（明治三四）年に開学し、一九〇三（明治三六）年三月に第一回の卒業生を出した。以来、一九四五（昭和二〇）年終戦により廃校となるまで卒業生の数は約五〇〇〇名にのぼった。これら卒業生や教職員等によって組織された同窓会が滬友会である。一九四二（昭和一七）年以降は社団法人滬友会として戦後も長く活動を続けたが、会員の高齢化を機に一九九六（平成八年）年法人格を返上し、任意団体となり今日に至っている。そして今日では愛知大学の同窓会の一つの組織として加入している。滬（こ）は、上海の別称。

今日は在学されていた当時の同文書院の学生時代の体験とか、同文書院の最も大きな教育事業であった中国各地の調査、大旅行の経験等々について、お話を伺うことができると思います。先ほどお伺いしますと、雲南からビルマのほうに調査旅行をなさったということで、その地名を聞いただけでも大変な調査旅行だっただろうと推察できるかと思います。その件についてもより細かく貴重な体験をお聞きすることができるものと楽しみにしております。安澤先生よろしくお願いいたします。私からの挨拶は以上とさせていただきます。ありがとうございました。

司会　引き続きまして愛知大学東亜同文書院大学記念センターの藤田佳久センター長からご挨拶申し上げます。

藤田　皆さんこんにちは。ただいまご紹介いただきました藤田と申します。学長からほとんど基本的なことは述べていただきましたので、私のほうはごく簡単にお話しします。先ほどご紹介いただいたように、愛知大学の東亜同文書院大学記念センターはこのたびオープン・リサーチ・センターとして文部科学省から認定されました。こういう催しの一番バッターにはどなたがいいだろうかということでいろいろ検討してまいりました。その結果いつもお元気な安澤先生がいちばんふさわしいのではないかということになりました。ただお年が一〇〇歳。大変お元気ですが豊橋まで来ていただけるかなということで、ご連絡いたしましたところ、快く引き受けていただきました。しかも「付き添いが要るか」という質問には「要らない」とのお答えでした。八王子にお住まいで東京まで出てくるのも大変なんですが、そこから新幹線で、おひとりで大丈夫かなという話だったんですが、中島寛治さん〔愛知大学同窓会神奈川支部長〕にご一緒していただき東京から来ていただきました。

今年ちょうど豊橋も一〇〇周年ですから同じ一〇〇歳で、偶然の一致ということになりますけれども、安澤先生がお生まれになったのは豊橋が「豊橋市」として誕生した明治三九年ということになります。そういう点で今日の講演に大変ふさわしい方をお迎えできました。

同文書院は一九〇一年に開学して、一九〇五年の第五期生から大旅行というのが始まりました。行く先は中国を中心に東南アジアまで広がっています。旅行期間は約三か月で初期の頃は五か月ぐらいもふつうでした。ちょうど今頃のシーズンが真っ最中で、五月の終わりぐらいからスタートして八月の終わり、あるいは九月いっぱいまでです。大旅行の日誌を読んでいますと一〇月の終わり、寒さに震えて帰ってきたという記録もあります。こうして大旅行の伝統が始まりました。その中で安澤さんのグループは今日お話しいただけるビルマ（ミャンマー）コースを選ばれました。なぜ選ばれたかというのはお話の中に出てくると思いますので申しませんけれども、大旅行が数々ある（約五千人近くが参加。だいたい二人から五、六人のチームで、毎年一班から二〇班ぐらいまで）中で、いろいろ難関のコースがある。遠地へ行く方ほど体育系の方、身体のしっかりしている方が多かったと思いますが、その中でも安澤さんは超難関コースの四川省の谷また谷、山と谷の横断をしてビルマに向かわれたのです。安澤さんの人生はそういう大変な大旅行の経験にいろいろ影響を受けているのではないかと思います。因みにご覧になってお分かりのように大変姿勢がいいですね。これは皆さん方もぜひオーラをいただきたいと思われると思います。姿勢がいいのは社交ダンスをやられているからです。

もう一つは南画（水墨画）を描いておられます。これも銀座で個展をなさるほどの大先生でして、そういういろんなキャリアを実現されてこられました。ぜひ皆さん方もこれを機会に安澤先生を目指して長生きをしていただければと思います。それでは今日は十分安澤先生のオーラを受け取っていただきたいという思いを込めて、私の挨拶は簡単ですが以上です。

司会 安澤先生のご紹介は今武田学長並びに藤田センター長からございましたので、さっそく安澤先生に、これからだいたい一時間程度話していただきまして、そのあと皆様方から三〇分程度ご質問の時間を設けておりますので、積極的にご意見をいただければと思います。では安澤先生よろしくお願いいたします。

[東亜同文書院大学について]

東亜同文書院は、一八九〇年に荒尾精（あらお　せい）が中国の上海に設立した学校「日清貿易研究所」を引き継ぐ形で、一九〇一年上海に開学した。初代院長は「日清貿易研究所」の設立に携わった根津一（ねづ　はじめ）。一九三九年一二月大学令により、東亜同文書院は東亜同文書院大学に昇格し、一九四五年の敗戦までの四五年間に約五〇〇〇名が学び、その半数以上が中国大陸に職を得、日中の架け橋となった。

敗戦後の日本では書院再生が認められなかったが、東亜同文書院大学最後の学長本間喜一の構想により、書院の教職員を中心にして、一九四六年愛知大学（旧制）として豊橋の地に創立、開学されたものである。

東亜同文書院の主な特徴は以下の通り。

①中国の上海に設置した。
②租界外に学校を開設した。
③三年制のビジネススクール（専門学校）として出発した（後四年制）。
④最高学年になると中国各地を調査旅行に出かけた。これを卒業論文として提出（愛知大学が『中国調査旅行報告書』としてマイクロフィルム出版している）。また当初の商慣習調査により調査報告書としてまとめられた学生の原稿はそのまま『支那経済全書』（全一二巻）として刊行され、

「大旅行」調査報告書は編集されて『支那省別全誌』（全一八巻）、『新修支那省別全誌』（一―九巻・終戦により中止）が出版されている。

⑤国費の補助金を得ていた。

⑥学生は全国の各都道府県から給費生として選抜された優秀な人材が中心(私費生・準公費生もあり)。

⑦学生たちは、補助金の返済義務はなく、就職先も本人の自由であった。

⑧創立要綱は、徳育と知育で、実際に役に立つ人材を育成することに主眼を置き、また人格形成に重点をおいた。これが伝統的な独特の「根津精神」、「書院精神」なるものを生んだ。

【愛知大学東亜同文書院大学記念センター／オープン・リサーチ・センターについて】

文部科学省の事業として、私立大学の大学院研究科、研究所の中から、多様な人材を受け入れ、研究と併せて若手研究者や高度専門職業人などの人材養成を行ったり、研究成果を広く公開するなど、オープンな体制の下に、研究を推進する優れた研究組織を「オープン・リサーチ・センター」に選定し、総合的かつ重点的な支援を行うことにより、私立大学における研究基盤を強化し、我が国学術研究の発展に資する目的ではじまった。愛知大学東亜同文書院大学記念センター(センター長　藤田佳久文学部教授)は、平成一八年度に「愛知大学東亜同文書院大学記念センター」の情報公開と東亜同文書院をめぐる総合的研究の推進プロジェクトとしてオープン・リサーチ・センター整備事業に選定された。

東亜同文書院虹橋路校舎略図（昭和５年４月現在）

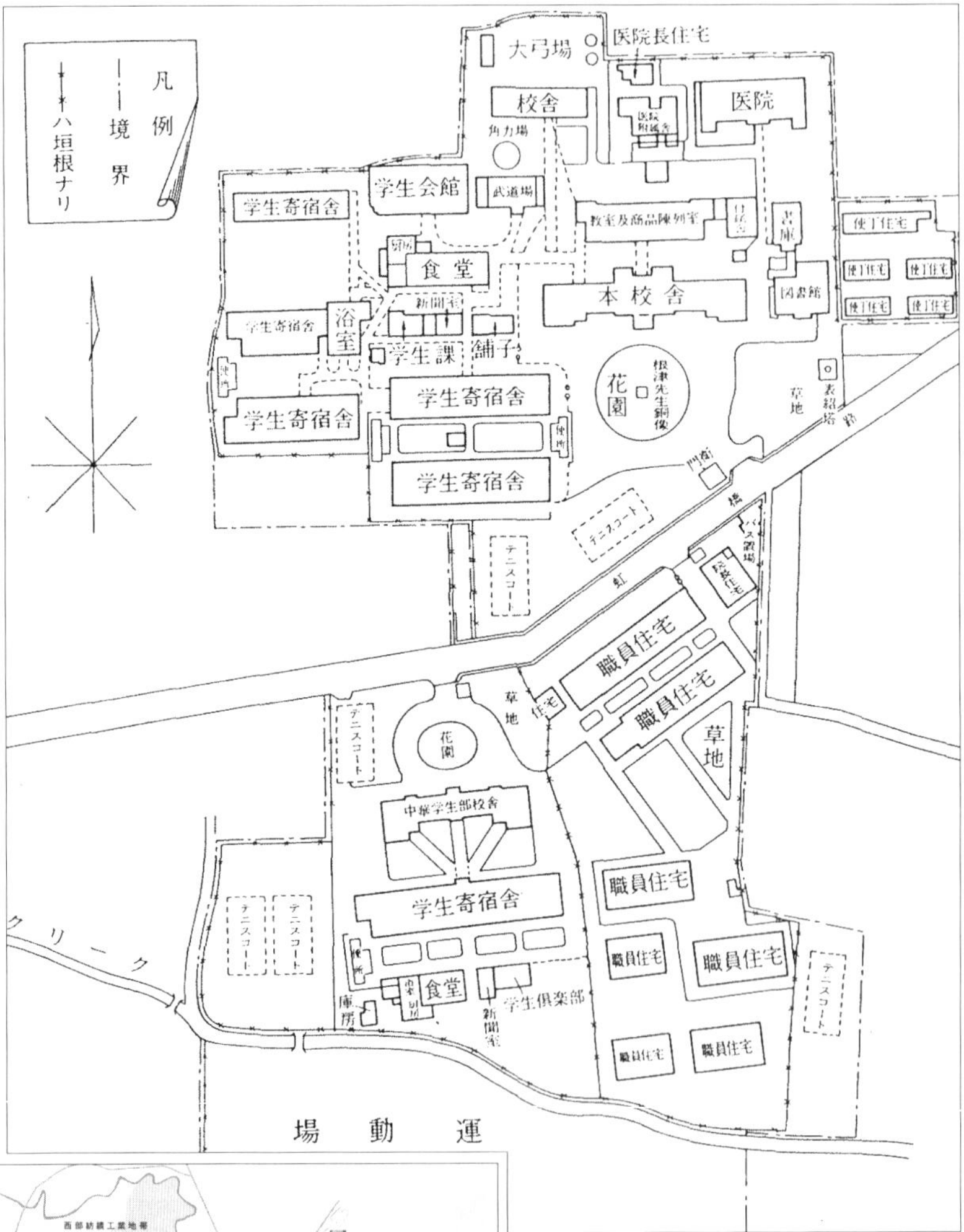

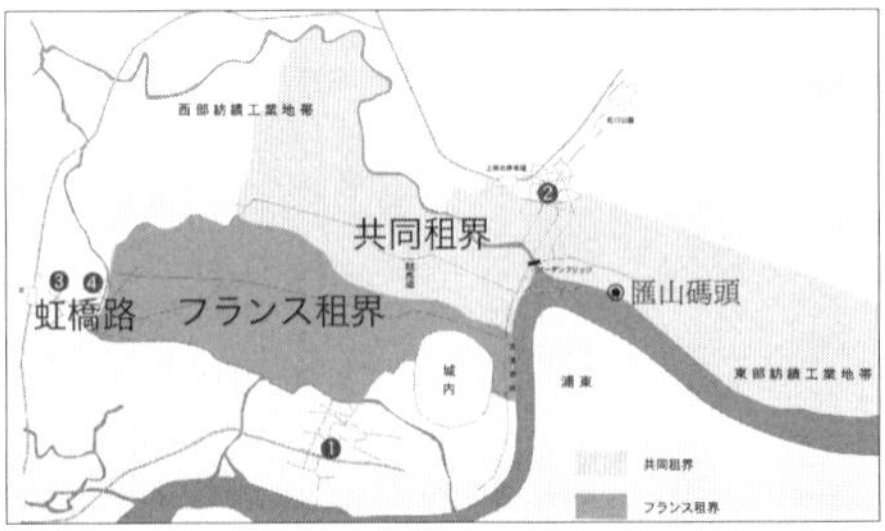

◀東亜同文書院居移転図

❶桂墅里校舎〔高昌廟〕　(1901.5～1913.7)

❷赫司克而路仮校舎〔閘北〕(1913.10～1917.4)

❸虹橋路校舎〔徐家滙〕　(1917.4～1937.10)

❹海格路臨時校舎〔徐家滙〕(1938～1945)

回 愛知大学東亜同文書院大学記念センター講演会

東亜同文書院とわが生涯の一〇〇年

安澤隆雄（東亜同文書院二五期生）

東亜同文書院と我が生涯の100
講師　安澤隆雄　氏（東亜同文書院25期生）

私は一昨日の七月二〇日に満一〇〇歳の誕生日を迎えることができました。二〇歳の青春時代に私を磨いてくれた東亜同文書院とはどんな学校であったか、それについてお話をしてみたいと思います。教室と寮と近接して、学住一体の全寮生活について詳しく語ることになります。

東亜同文書院入学

中国では、清朝の末期に、西欧列強が東洋にだんだん侵略的に進出してくる、つまり「西力東漸」によって崩れゆく隣邦中国の命運に憂慮し、中国の興亡は東亜の安危、日本の盛衰に繋がるということを考えて、日中両国によって中国の保全とその興隆を願った先覚の志士達、中国では孫文がおりました。日本では近衛霞山公*、それから荒尾東方斎*、根津一*(山洲)先生がおられました。

近衛霞山公（このえ　かざんこう）……近衛篤麿（一八六三〜一九〇四）は、明治時代後期の華族・政治家。号は霞山。近衛家は五摂家筆頭の家柄で、公爵。第七代学習院院長。長男は近衛文麿。一九〇四年に若くして他界。

荒尾東方斎（あらお　とうほうさい）……荒尾精（あらお　せい）（一八五九〜一八九六）愛知県出身。東方斎は号。東亜同文書院の前身「日清貿易研究所」を上海に設立。一八九六年に台湾で歿。

根津　一（ねづ　はじめ）……山洲（一八六〇〜一九二七）は号。東亜同文書院初代・第三代院長。近衛篤麿の招請に応じ、東亜同文書院創立に協力。

近衛霞山公

東亜同文書院初代・
第三代院長　根津 一

東亜同文書院はこの先覚者を中心に理想実現に働く人材の養成教育を実施するために荒尾東方斎先生の遺志を継いだ根津一先生が初代院長となって、中国古典の「大学の道」を建学の精神として生まれた学校であります。国際環境の渦巻く上海で中国の良き未来に協力し、中国の良き友人として日中共存共栄の架け橋たらんとする日本の青年を教育しようというものでありました。

私は明治三九年、新潟市の西方五里（約二十キロ）ほどの農村に生まれました。兄弟は四人でしたが母親が病気をした関係で、すぐ上の兄貴とは一一歳の開きがあって、まるで一人っ子のようにして可愛がられて育ちました。小学校三年生で九歳の時に母親が亡くなりました。幼児時代は明治末年の農村でありますので自然そのままで、一日朝から晩まで裸足になって野山を飛び回って、戦争ごっこや隠れんぼで遊び回ったものでした。

旧制五年の中学へ通う頃にようやく鉄道が開通しました。三里ある中学まで一年生から汽車通学ということで、朝五時起きをして六時半の一番列車に乗るために吹きっさらしの田んぼ道を三〇分も歩く。中学三年からは自転車通学になりましたが、これもまた砂利道を四〇分もこがなければならなかった。冬は雪が積もるので、学校のある巻町に下宿、もしくは学校の寄宿舎に入る、柔道の寒稽古などという時は一生懸命に早朝通って皆勤を続けたものであります。子供の時分から、すべて何でも自分の身体で歩くしかないという時代。また柔道で足腰を鍛えて、それが今日までの健康の元になったと思います。田舎の中学でしたから冷たい冬でも足袋を履かずに下駄履きでやってくるということで、質素とか質実剛健という気風のもとにだんだん強く身体を鍛えていったのであります。

中学五年の時に上級学校進学に際して、東亜同文書院という学校は馬で大陸を旅行する特殊な学校であると聞かされました。新潟県派遣留学生という制度があって、その試験を受けて合格し、初めて県外の東京へ出ていきました。時に大正一四年四月初め、桜の真っ盛りでありました。関東大震災の二年後でありますので銀座はまだバラック建てで、夜になると屋台店が並んで夜店が立つという程度のところでありました。東亜同文書院は各都道府県、満鉄、外務省、大企業などから官公費で派遣される学生で構成されていて、定員が不足する時に私費生というものを若干入れました。全国から集まってきた百余名の学生が二五期生として、当時芝口といった現在新橋一、二丁目あたりにある丸屋と山城屋という二軒の旅館に泊まって集まりました。

東亜同文書院は近衛文麿公の父篤麿公すなわち霞山公が中心になって中国の保全、東亜の興隆、日支共存共栄の架け橋となる人材養成を目的とした東亜同文会を作り、それが母体となって同文書院を経営していました。入学生は国士として優遇され、宮城の豊明殿、鳳凰の間、葡萄の間、あるいは純日本式庭園という、大内山の奥深いところまで特別拝観を許されました。また今の霞山会館の前身である華族会館に壮行会で招待されて記念撮影をしたりしました。

私の年から新潟県派遣留学生は名前のみで、新潟県が冬の荒波で築港に予算が要るというので、県会によって同文書院に派遣する学生の学費を削られてしまいました。したがって私は結局私費生と同じく、うちの兄が月々五五円ずつ県庁に納めて、その金が学校に回って四年間を卒業させてもらった。兄の負担によってようやく同文書院を出してもらったという状況であります。当時の小学校の初任給が三五円という時ですから、月々の五五円というのは相当な大金でした。これでもって靴から制服、あるいは授業料、教科書、食堂の食費、一切合切を学校が負担して、生徒は何の心配もなしに勉学しておればよかった。非常にありがたい学校でありました。

東京で制服制帽を支給され、高野庸之先生*と大谷孝太郎*両教授に引率されて、名古屋、京都、大阪と各地を見学し、神戸から日支連絡船で上海に渡りました。京都へ行った時、私と上野君と二人が学生代表として選ばれまして、引率の高野先生に連れられて、前の年に還暦を機会に引退されていた根津院長の伏見桃山のお宅に挨拶に参上したのであります。先生はその時分アル中でもって、奥様の肩に背負われてようやく応接室へおいでになりましたが、言葉はほとんど呂律が回らず聞き取ることができない。奥様の通訳によって、あとで高野先生から伺ったところによると、当時英国がシンガポールに要塞を築いたこと、西洋の列強がだんだん東洋に侵出してきて、中国を切り取るようにして利権争いをやる、こういうことは将来東洋に禍根を残すもので憂慮に堪えないというようなお話をされたのであります。これはちょうど後の大東亜戦争を予見するようなお話でした。根津先生はそういうことを憂えておられたのです。私達は根津院長にお目にかかる最後の学生として、光栄を担ったのでございます。

高野庸之……東亜同文書院教授。書院在職期間：大正一三（一九二四）～大正一五（一九二六）年。
大谷孝太郎……東亜同文書院教授。書院在職期間：大正一三（一九二四）～昭和一二（一九三七）年。同文書院発行の『支那研究』に、中国の社会に関する研究論文が幾つかある。

こうして長崎を出ると、まだ大陸が見えないうちから青い海が真っ黄色に変わった。そして揚子江の支流の黄浦江に入って上海に行くんですが、岸辺の葦に混じって水牛が戯れているのを見て、大陸へ渡った実感に感激したものであります。そして日支連絡船が着く滙山碼頭*で、学校を代表した二二期の下林厚之さんが同文書院の院旗をもって迎えられた。我々はタクシーでフランス租界を通過し、西の郊外にある東亜同文書院に落ち着いたのであります。各県人会で好的（ハオダ）会（お菓子のことを好的点心と言うんですが、好的会というのは餅菓子と、やかんに注いだお茶で歓迎すること）の歓迎を受け、また便服（普段着）と称して、当時職工さんが着るような黄色い菜っ葉服、これは寮にいる時のいわゆるホームドレスですが、そういうのをもらって、寮の第一日が始まったわけです。

滙山碼頭（わいざんまとう Wayside Wharf）……南京条約による上海開港後の一八四五年、英国マクベイン洋行によって設置された浮き桟橋にはじまる。のちに日本郵船に売却され一九二三年就航の長崎丸、上海丸をはじめとする日本と上海を結ぶ定期客船の停泊する桟橋。滙山碼頭は数多くの日本人が上海に第一歩をしるしたところ。日本人居住者が集中的に居住した虹口区はその近くにあった。

寮生活

全寮制四年間の寮生活は運動に学習に、多数の各県出身の学生達と交流して、書院伝統の精神を体得し、将来活動の元になる気力体力を養う坩堝（るつぼ）でありました。四〇〇人の学生が一つ釜の飯で交流して、卒業後も一家同士の親近感でもって連絡し合う滬友同窓会は他の学校とは一味違う同窓会でありました。

徐家匯虹橋路一〇〇号という同文書院の校舎は、昭和一二年、第二次上海事件*で中国兵によって焼かれました。図書館の本、貴重な文献などたくさんありましたが、これらが全部烏有（うゆう）に帰したということは、誠に惜しい、残念なことでありました。我々の学んだ同文書院は写真でよく残っておりますけれども、鮮明に頭に入っております。

第二次上海事件……一九三七（昭和一二）年八月一三日に起こった日本軍と中華民国軍の戦闘。日中戦争へと進んだ。一九三二（昭和七）年一月二八日に起きた上海事変に対してこう呼ぶ。この戦争のさい、フランス租界外の上海の西端にあった書院は中国兵の手で焼かれ、キャンパスを失った。多くの図書や一〇万点をこえる商品見本、そして膨大な「大旅行」の調査、日誌原稿も灰になった。

鉄格子の正門を入るとすぐ左に門鑑があって、その奥には桜を植えた築山があって根津院長の胸像があり、本館の玄関のポーチがあって、下が職員室、二階が講堂になっておりました。その裏は渡り廊下によって教室につながり、左側の空地に四本柱を立てた相撲の土俵があり、それから四〇〇人が食べる大食堂、大きな浴場、そして南寮・北寮・西寮・中華寮という四つの寮がありました。学校の後ろのほうには弓道場があり、また学生会館といって二階がホール、下が日本間で碁・将棋・麻雀なんかのできるところ。また喫茶室があってお茶を飲んだり、焼きそばを食べたり。それから舗子（ブース）と称して日用品を置く購買部の売店もありました。その他新聞室、その隣が寮監室。渡り廊下の途中には広い洗面所があって洗濯もできる。洗濯の干し場もあって、トイレなんかもたくさんあるから不自由しない。

病院まであり、「一家」という感じで便利な快適な生活ができるように、うまく設計されておりました。

寮は下の部屋が自習室、二階にズラッとあるのが寝室。北側に日の当たらない自習室を持っている人は、日の当たる南側の二階の寝室をもらうという具合に、公平に配分されておりました。下には各自のテーブルと本立てと押入れがあり、二階の寝室には寝台と棚があって、そこへ各自の私物の行李やトランクを置くようになっていました。各部屋で四年生が室長になり、三、二、一年生の四人組の部屋になっておりまして、新入の一年生は朝早く起きて、柄の付いたモップで自習室の床を拭き、ごみは廊下に掃き出す。授業に行っている間に今度はボーイが全部廊下を掃除してきれいにしてくれる、という仕組みになっておりました。

銅鑼が鳴ると四〇〇人が大食堂に集まる。六尺テーブルに三人ずつ向かい合わせて座って、真ん中にお鉢と味噌汁の鍋がある。六品のおかずが付いているのですが、中央に上級生が座り、両端には下級生が座って、ご飯のお代りなんかで給仕をする、そういう仕組みになっており、非常に家庭的でありました。当時上海は非常に物価が安くて、中国人のコックが作ったのが出るんですけれども、その料理がけっこうおいしくて、私なんかは柔道をしてうんと腹が減ったところでそれを食べ、立派な身体が作られたのでございます。よくその時分に、何も運動をしないで、神経質で華奢な連中なんかは、「こんな飯が食えるか」と。つまり白い飯だと脚気になったものだから、半搗きの赤い

銅鑼の合図

米だった。それを「こんな飯が食えるか」ということで同文書院をやめて東京の学校へ退学する人間がたくさんおりました。私なんかは隣のテーブルの残りまでもりもりと食べたものでした。

学校のすぐ外が綿畑になっていてお墓の土饅頭がところどころにある。夕食後はその中の畦道を三々五々、大陸の夕日が落ちるのを見ながら散歩した。そして七時からの自習時間にはすっきりした頭で勉強することができました。図書館に行って勉強することもできるし、学生会館でお茶を飲んで歓談することもできた。一〇時には消灯をしましたが、それからまた、職員住宅へ行って先生からお話を聞くこともできたのであります。校門の前の虹橋路のアスファルトの道を隔てて左前方には、サッカーや野球のできるグラウンドがあった。右のほうは中華学生の中華寮、それから職員住宅があって、昭和一〇年に荒尾先生と根津先生を祀った靖亜神社*ができた。私が卒業して漢口*で会社勤めをしていた時分に休暇をもらって新潟へ帰り、そこで結婚して新妻を連れ母校同文書院を訪れた時、その年にできた靖亜神社にお参りをしたことがございます。終戦の引き揚げの時には、一八期の村上徳太郎先輩が靖亜神社の御神体を奉じて埼玉県の武蔵嵐山に神社を遷座してお祀りしていたのですけれども、同文書院の同窓がだんだん細ってきてとても管理ができないということで、今は霞山会に管理をお願いしております。

靖亜神社……昭和一〇年二月一一日に書院のキャンパス内に設立され、近衛篤麿、荒尾精、根津一を祭る。
漢口……今日の中華人民共和国湖北省武漢市。長江と漢江の合流する華中の中心地として栄え、他の隣接する二都市とともに武漢三鎮と称された。

書院で大切なのは中国語の勉強です。これは新入生がその日一日習ってきた一頁を、県人の先輩達が引き連れて、当時院子（ユワンツ）という学校の芝生のキャンパスにあっちこっち六、七人ずつ車座になって、四声の発声を下級生が真似て「アー、アー」と言うのを、道を通る人が「書院のカラスが鳴いている」と批評するような状態でありました。そういうところから本当に身に付くような中国語が、同文書院では体得されていったのであります。

毎週土曜日の昼食を食べたあと、「週給取りにコーイ」の合図でもって週給一ドル（メキシカンダラーの大きな銀貨）をもらって、町に出る時、到るところに両替屋があるので、そこで兌換すると六、七枚の銀貨になる。そしてまたその銀貨を崩すと三三枚とか三七枚とかいう枚数のドンペイ（銅幣）になる。銀と銅の相場が毎日変動するので枚数が変動する。そういう重たい銅銭を持って歩かなければならないものだから、巾着のような小袋を作ってぶら下げて歩く人もいました。我々が外出する時は必ず市電でバンドへ出て、今度は日本人のたくさんいる北四川路というところへガーデンブリッジを渡って行くんですが、フランス租界を通る電車は電車賃が銅貨三二〜三三枚要る。それを車掌が片手でサッサッと勘定して、首から下げた鞄にサッと投げ込む。実に鮮やかな手さばきで感心したものであります。

書院生の足となった市電

書院の先輩達はよく後輩を連れて外出し、いろいろおごってくれました。日本の学校で運動部の先輩が「しごき」と称して後輩をリンチするということがたまたま新聞に出ましたけれども、同文書院にはそんな幼稚な、馬鹿なことをする人間は一人もいない。皆先輩は大旅行の話をしてくれたり、ホールでお茶を飲むのに連れていってくれたり、紳士的でありました。

今私の住んでいる八王子市は、大学が二〇もあって学園都市と言われていますが、電車を降りて学校へ行くまでのバスを待つ学生が立ちん坊をしながら本を読んでいる行列を見ると、同文書院の全寮制度は、サンダル履きで教室へ行って、帰ってくればすぐ着替えて部活動をするという、非常にありがたい学校であったと思い、日本の学生たちは気の毒だと思っています。

在学中の事件

大正一四年入学の前年の秋、中国はまだ軍閥割拠の時代で、ちょうど浙江省と江蘇省の軍閥（名前は忘れましたけれども）の二人が政治争い、すなわち弾の撃ち合いで戦争をやるんです。それで同文書院の本館の屋根まで弾が飛んできた。同文書院のすぐ前の畑で戦闘が行われた。入った年には二年生から盛んにこの話を聞かされたものです。我々が入って間もなしの五月三〇日はいわゆる五・三〇事件というので、内外綿（現・新内外綿株式会社）という紡績会社のストライキに警官隊が発砲した。警官は英国人だったのか、南京路に排英の暴動が起きて、居留民の保護と称して上海の海軍陸戦隊が同文書院に来た。本館の屋上に機関銃を据えたりして、いろんなショックを受けたのであります。

年号が大正から昭和に変わって昭和二年、蔣介石が広東から北伐と言ってのぼってきた。その兵隊は背中に唐笠を背負って足のほうはほとんど裸足。たまに草鞋を履いている人間がいる。そういう兵隊が、学校からちょっと離れた、杭州に通ずる滬杭鉄道*の線路の土手をゾロゾロと行進して上海の北停車場に渡る。それが望見されたのであります。漢口の四・三事件*は大きな事件でしたが、また南京事件*というのが起きて、さらに北伐が北に行くにしたがって済南*で反日暴動が起きた。それで居留民保護と称して当時の陸軍大将で首相であった田中義一が軍隊を出動させたため、いよいよ反日がひどくなってきた。たまたまその昭和三年に私達が昆明へ行って、四川省へ抜けるという旅行をしていて、「危ないからお前らもう旅行をやめて帰れ」と言われて、止むを得ずビルマのほうへ路線を変更したのであります。

滬杭鉄道（ここうてつどう）……上海から杭州までの線路。滬は上海の別称。杭は杭州。

四・三事件……一九二七（昭和二）年四月、漢口で発生した日本水兵と中国民衆との衝突事件。

南京事件……一九二七（昭和二）年三月、蔣介石率いる北伐軍が、中国統一のため「北伐」を行う中で南京を占領した際、軍の一部が外国公館や居留民に被害を与え、それに対しアメリカ・イギリスの軍艦が攻撃を行った事件。

済南で反日暴動……「済南事件」とは、一九二八（昭和三）年五月、蔣介石率いる北伐軍が、済南において日本軍と衝突した事件。事件に巻き込まれた日本人居留民一二名が殺害された。済南は中華人民共和国山東省の省都。

年中行事

入学間もない五月に寮祭があって、寮の各部屋に工夫を凝らした飾りつけをしたり、仮装行列を出したり、上海の居留民や先輩の家族達をお呼びして、にぎやかな祭りが展開されました。その時分に私は一年生ですけれども、段ボールと竹棹を使って、同文書院の角帽をかぶった学生が股を開いて校門の上で迎えているという飾り付けをしました。また「万里の長城で昼寝する」という題で藁人形を作ったんですが、その頃みんなもう仲間がへばって手伝ってくれないものだから、未完成でほったらかし、本館の前にのさばらしておいたら、それをまた写真に撮られたりして一興であったわけであります。

大旅行に送り出す時の壮行会、大旅行から先輩が帰ってきた時の歓迎会などで学生会館のホールの舞台でよく演芸会がありました。非常に楽しいもので、私などは職員住宅から奥様方の赤い襦袢を借りてきて、新潟県人会で郷里の佐渡おけさ、盆踊りを踊った。それから当時菊池寛の「父帰る」という小説が出た時で、「父帰る」を劇にして、なかなか名演技ぶりを発揮したグループもありました。年末には食堂で、石の臼で四〇〇人に食わせる餅つき大会。その時私は腕自慢でもって大いに奮闘したのですが、夕方になるとついに疲労困憊してへばってしまったのを覚えております。当時の天長節一〇月三〇日には上海の新公園で海軍と上海の居留民団、それと同文書院と三つ巴になって相撲のリーグ戦をやる。その時に二二期の三橋勝彦、同じく加藤俊治、そして二三期の佐竹一三、この三人が三役になって、とうとう優勝して優勝カップを同文書院に持ち帰った。私も軍艦利根の大関を破ったということで大いに鼻が高かったわけであります。

その前にそれに備えて元小結までいった*御西山という力士を頼んできて、同文書院の宿舎に泊まり込みで、二学期の試験休みに朝晩稽古をする。基本であるところの四股を踏んで土俵の周りを回る。また鉄砲と称して四本柱に突きの稽古をする。取組みをやって、ちゃんこ鍋に似た「煮一煮（チュウイチュウ）」という、食堂の味噌汁の鍋に野菜でも缶詰でもぶち込んで食べる。お粥を作らせる。朝晩稽古をして昼はぐっすりと死んだように寝ている。そういう生活をして相撲大会に臨んだわけであります。おかげで冬が来る時分には体重が増えて、学生服のカラーのフックがはまらなくなる。また耳がこすられてそこから熱を持ってしまいに固まって変形する。そういう具合に猛練習をしたわけです。

御西山……本名は御西山夏夫（おにしやま　まさお）。茨城県水戸市出身。出羽の海部屋。常陸山の従弟。

柔道は私達が入るまでは長崎高商、山口高商あたりと遠征して対外試合をしていましたが、私達の時代にはそういうことはもうなかった。ただ二年生の時に満州遠征があり、私も参加できたんですけれども、その時ちょうど徴兵検査で、郷里の新潟へ帰って検査を受けなければならないということになって、とうとう参加できませんでした。ただ一度、嘉納治五郎先生が講道館から高段者の愛弟子二人を連れて、上海工部局のホールでエキシビションのデモンストレーションをやった。その時に私達書院の柔道部も出演して、白井及び桜庭六段なんかに投げられる役をやった。また大旅行から帰って間もない頃、拓殖大学の遠征隊が来て、私は大旅行帰りで何も稽古していないまま柔道と相撲の練習試合をやりました。それから私達が卒業してから日本の高等専門学校の柔道大会に毎年出るようになって、寝技を研究し、名コーチの道上伯先生を招聘して、京都の全国大会に出て拓大と優勝の覇を競うという具合に、同文書院の柔道部は非常に発展し、輝かしい実績を作ったのであります。

学んだ学課

中国語は最も大切な学科で、一年生の四声の発音から、三年生の時は旅行用語というのがあって、旅行に行ってしゃべらなければならない必要なことが全部書いてあります。そうした勉強によって、卒業するまでには中国語を一通りしゃべるように教えられたものであります。また英語のほうは藤原茂一先生という同文書院の卒業生の先生がいてシェークスピアの講義をされましたが、非常に難しい単語がたくさんあるし、長い文章を翻訳するのは大変でした。そのうち二学期になって藤原先生が亡くなって、やがてシェークスピアもおしまいになった。それから青木先生*（チンムー先生と呼ばれていました）が尺牘（せきとく）と称して、これがまた難しい漢字ばかりの、ちょうど清朝の高官とかあるいは文人達がやりとりするような書簡文の文体で、この難しい漢字をよく朝早く起きて、おさらいしていたことがあります。それが歩留り何一〇％ぐらいで今日役に立って、書画の讃なんかの解読を頼まれたり、昔の人の書いた難しい漢詩などを読む時に、中国は全部漢字でありますから、たくさん漢字を覚えたことで非常に助かっております。

青木先生……青木　喬。東亜同文書院の教授。中国語。書院在職期間：明治四一（一九〇八）～昭和三（一九二八）年。

山崎百治先生*の応用理学という科目がありました。これは工業技術を取り入れた学科で、たとえば紹興酒という老酒を作る技術。つまりもち米に赤い酵母菌を作用させて老酒ができる。山崎先生は自宅に実験用の装置をこしらえていて、一晩中かき回すのを学生が手伝った。後に山崎先生は老酒の研究で博士号を取られて、宇都宮高等農林学校の教授となって転じて行きました。

山崎百治先生……東亜同文書院教授。書院在職期間：大正三（一九一四）～昭和二（一九二七）年（一時離職の時期も含む）。農工科教授、農工科廃止後は応用理学の授業を担当。

また馬場鍬太郎先生の『支那経済地理誌』という、中国全土の河川が吃水何フィートかで船が通れるとか、舟運の便ありなしなどが詳述されている厚い本がありまして、その教科書で全国地理の講義があって、我々は卒業してからでも中国の地名を聞けば「ああそこだな」と、その地に行かなくとも、地図で習った知識でもって北の満州から南の海南島に到るまで、よく想像することができる。これは非常にありがたい学問でありました。また商品学というのがあって、綿花、苧麻（ちょま）、豚毛、木蝋などの講義がありました。あとで漢口で会社勤めをするに及んで、漢口にある日本の商社というものは全部、四川省から出てくるこれらの特産物を日本へ輸出しており、綿花であれば日本綿花、東洋綿花、苧麻では我々が麻屋で、大同貿易*は麻の貿易で日本の製麻会社へ漢口から積み出していた。そういう苧麻を引揚げまで扱ったんですけれども。馬場先生に苧麻というのはチャイナグラスと教えられたわけで、会社へ入っても非常に早く覚えることができました。

大同貿易……一九四一年九月、丸紅商店、伊藤忠商事、岸本商店の三社が合併して、三興株式会社となる。一九四四年九月、三興、大同貿易、呉羽紡績の三社が合併して、大建産業株式会社となる。一九四九年一二月一日 大建産業が過度経済力集中排除法の適用を受け、四社に分割され、伊藤忠商事株式会社として設立される。

また同文書院は我々の時は商務科でありますから、一年生の時に商業簿記、二年生で銀行簿記を学びます。また商業算術というものがあって、これは難しい利子計算問題なんかをやる。和田喜八*先生の和田商算では、商業学校出はともかくとして、中学出にはあまり馴染まないものだから、みんな苦手にして嫌がった。「和田商算」と言って嫌われたものでありました。

和田喜八……東亜同文書院教授。書院在職期間：大正七(一九一八)～昭和一〇(一九三五)年。商業算術、保険論を担当。

山田岳陽先生*の漢文の講義では、古典の「春秋左氏伝」なんていう古い書物を講義されるのですが、真剣に耳を傾けて、老子、荘子の深遠な思想とか高遠な哲理を説かれるのに一生懸命聞き入ったのであります。山田岳陽先生は根津院長に次いで、漢学者の謹厳な人格者として学生から崇拝されていた先生でありました。

山田岳陽……山田謙吉。東亜同文書院教授。書院在職期間：大正九（一九二〇）～昭和一二（一九三七）年。哲学概論、漢文、倫理を担当。「岳陽」は号。

四年生の時は貿易実務がありました。私はあとで貿易会社に入ったものですから、たとえば外国為替とか信用状とか、送り状とかいうものをみんな学校の実習で覚えていたので、実業界に入っても早く習熟することができました。

また数人のグループでしたけれども、一年上の二四期の石田武男さんが主にやった「無我会」と称するものがありました。根津院長が禅の修養によってああいう人格を築かれた。その禅を研究するグループで、たとえば曹洞宗の高僧がインドに行く旅行の途中で上海に立ち寄られると、学校へお願いして「提唱」と称して説教の講話を聞いたものであります。また東亜僧院というのが上海にあって、そこへ集まって座禅を組む。呼吸を平にし、頭を空っぽにして無我の境地に入る。悩みがある時も、頭を空白にして腹式呼吸をすることを覚えた。そういう習慣が、今日までの健康の元であるとも思っております。

大旅行

東亜同文書院は卒業論文に代わって、中国の調査旅行をし、その報告書によって卒業させてもらえるという制度でありました。学校の発表する一五のグループを、五～六人の学生が班を組んで受けて、そして満州だとか蒙古だとか北京だとか西安だとか海南島だとか、果てはベトナム、フィリピンまで行ったんです。私達は雲南四川経済調査班といって雲南省を旅行するということで、柔道部中心の一番頑丈な人間が七人の班を組みました。同文書院の旅行調査報告は『支那省別全誌』として実を結び、中国の

民船上の水浴
同文書院生の退屈しのぎを兼ねた行水。こうした光景がたびたび見られた。

雲南四川街道の景
老鴉灘の大関河。下は川が増水し、同文書院の旅行隊が立ち往生している。

調査には非常に貢献したのでありました。さきほど、東亜同文書院大学記念センターで書庫を案内してもらって、『支那省別全誌』なんかがズラッと並んでいるのを拝見してきました。

五月二九日に上海を出発して海路香港、海南島から仏領印度支那（今はベトナムです）の海防（ハイフォン）に上陸して、河内（ハノイ）から雲南鉄道で海抜二〇〇〇メートル級の雲南高原の昆明まで旅行する。途中泊まりながら三日がかりでした。六月一六日に昆明に到着し、多数の在留邦人に迎えられました。宿舎は東陸病院という、日本の衛生兵あがりの人が医者となっているという病院でありました。昆明市は当時は雲南府と言っていました。約二〇名ぐらいの邦人がいて、同文書院で昆明に行く時は毎年この邦人達によくお世話になったのであります。

五月に起こった済南事件によって、排日風潮がいよいよひどくなり、雲南から四川に出る内国旅行は危険であるからお前らはもう学校に帰れと、雲南の省庁や日本の中野総領事から勧告されたのでありますけれども、あくまで目的を達成しよう、長年夢に見てきた大旅行が止められるかというわけで、秘かに脱出するまで三週間も昆明に滞在して、在留邦人のお世話になったのであります。

四川へ抜ける旅行がだめだということで、百方研究の結果、当時郵政省の地図にはビルマへ抜けるルートが公道として大きく載っている、そこへ行こうじゃないかということに一決して、六月二九日、遠くまで馬に乗って送りに来てくれた昆明の日本人に見送られてお別れし、決行第一日に安寧というところに行って一晩泊まり、明くる日また歩き出した。ところが町の辻に中国兵がたむろしていて、我々の荷物を積んだ駄馬の鼻をつかんで昆明のほうへ引き戻そうとする。「何をするか」というわけでもみ合ったのでありますけれども、結局腰を銃で撃たれたり、また山本君なんかは歩けないぐらいに殴られた。兵隊ともみ合ってもしょうがないからということで土井君という交渉係が安寧の県知事のところへ談判に行った。そうしたら県知事の態度も意外に厳しくて、雲南省庁から「同文書院の学生が旅行で行ったら、危ないから捕まえて追い返せ」という通達が来ているということが分かり、我々も渋々と、支那の兵隊に送られながら悄然と昆明に舞い戻ったわけであります。

　それから百方画策して、当時土匪が猖獗してきているというので驚かされていたんですけれども、雲南省は阿片の産地で罌粟（けし）を作っている。その阿片の出盛り期も一段落した当時は少し土匪の出没も少ないだろうという見通しでもって、我々も決死の覚悟で行こうじゃないかと。血気盛んな時ですからみんなで一決して、雲南を抜け出していくという計画を立てました。そこで昔大理方面の県知事を務めたというOBの人が世話をしてくれて、西のほうの有力者に宛てた紹介状をたくさん書いてもらった。それがあとで護衛兵をつけてもらうなんてときに非常に助かったのであります。

　まず西の方に行ってもいいという馬子を一人雇った。それから赤と黒の雲南馬を二頭、雲南紙幣で一三〇ドルと一四〇ドルで買った。雲南馬というのは背の低い小さい馬ですが、丈夫で、我々の荷物を乗せて山坂を歩き、しまいには鞍傷で背中の肉がもげ、化膿して蝿がたかるという状態で、裸馬にしてやっても歩けなくなった。そういうことで日暮れの山道で馬が歩けず、非常に苦労したのでありました。四週間目に騰越というところで安値で売ったが、三週間目に大理で馬子が我々が担がせておいた支那服を売って阿片を吸っていたということが分かって（雲南の人間は当時みんな阿片癮者（阿片常習者）

だったので、阿片が切れるとダラッとしてしまう）、几帳面な山本君の意見でとうとう馬子を解雇してしまった。それからというものは我々が馬の世話をしていかなければならないから、私は馬子代りになって、その馬にさんざん苦労をしました。学校を卒業してから仙台の輜重兵〔軍需品の輸送・補給にあたる兵〕大隊に入って馬術をやって馬の学問をしましたが、前の年に雲南で苦労した赤と黒にはろくなものを食わせないで草ばかり食わしていて、鞍傷を起こさして、気の毒なことをしたなといつも後悔しているのであります。

七月七日にいよいよ平山君と山本君の二人が馬子と馬を連れて昆明湖（ちょうど箱根の芦ノ湖のような湖で、最近は非常に汚くなったそうですが、我々の時はまだ泳いだりできました）の東を先回りしている。我々は一晩遅れて、支那服を着て朝早く畑の中を通って船の底に潜み、昆明湖の湖水を縦断して夕方ようやく対岸の昆陽という部落で落ち合った。それからというものは本道の楚雄という町へ出るまで一週間の予定が、また山出水にあって遭難状態になったり、川止めを食ったりして、結局一〇日経ち、間道の細い道を通って楚雄に出て、あとは本道を通った。本道も必ずしも楽な道ではありませんでした。ビルマのほうに行く崑崙山脈に通じるような雲南の西南部分には、中華と称して大陸の真ん中にいる優秀な民族だという漢民族に追われ、だんだん山のほうへ逃げていった少数民族（玀々族、白夷族、カチン族、等）二〇いくつの小さい部族がたくさんおります。私は調査旅行なんかでこれを取りあげて報告していたのでありますけれども。そういう部族の住む山岳地帯を我々が歩いた時、雨季で毎日泥水でもって苦労する。固い道が馬の蹄の跡で段々になっている。そこへ雨水が溜まって、馬の蹄がピチッとはまるとピチャッと飛沫がくる。それから馬は盛んに歩きながら放屁をする。後ろから追ってい

大旅行経過地図

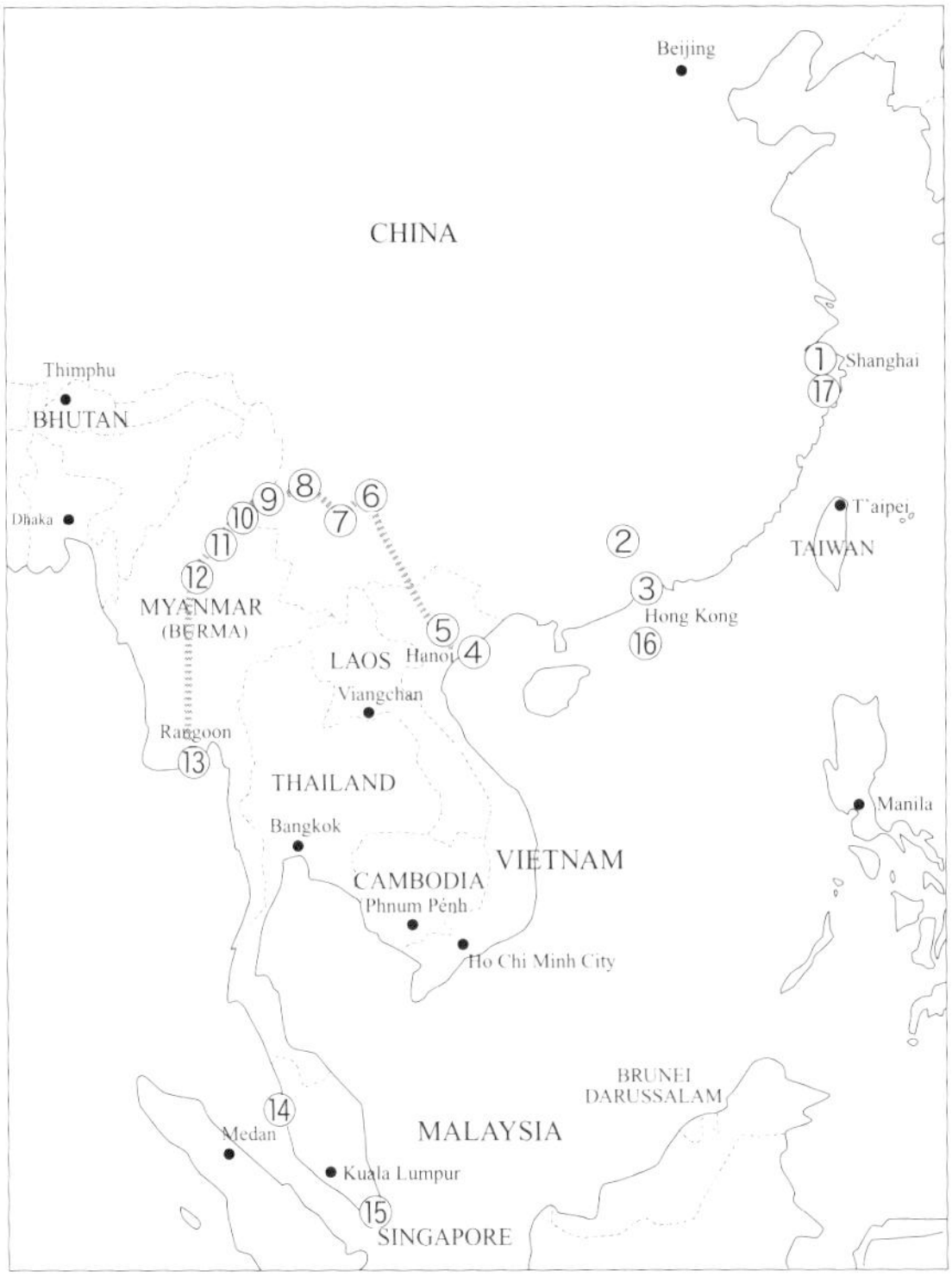

①上海
②広東
③香港
④海防（ハイフォン）
⑤河内（ハノイ）
⑥昆明
⑦楚雄
⑧大理
⑨永昌
⑩騰越
⑪八莫（バーモー）
⑫マンダレー
⑬ラングーン（ヤンゴン）
⑭彼南（ペナン）
⑮新嘉坡（シンガポール）
⑯香港
⑰上海

る私はしょっちゅう水をかけられてオナラをかがされる。しまいには鞍傷で、裸馬にしても歩けない。そして四週間目にとうとうその馬を売ったわけです。それも馬を買うために来た中国の馬喰達が大喧嘩をして取り合いをした。結局は案外良い値で売り飛ばして、それからまた雇い馬でもってビルマの八莫（バモー）まで、また一週間も歩いた。

今年の四月に滬友同窓会から、私達の歩いた旅行の話を聞きたいという人がいるからということで、四月の一五日に私の家に来てもらうことにしました。書院の同窓会が記念事業として同文書院記念基金会というものを作って、私達を

東亜同文書院25期生 大旅行
ビルマルート踏破記録

＊安澤氏による大旅行行程図

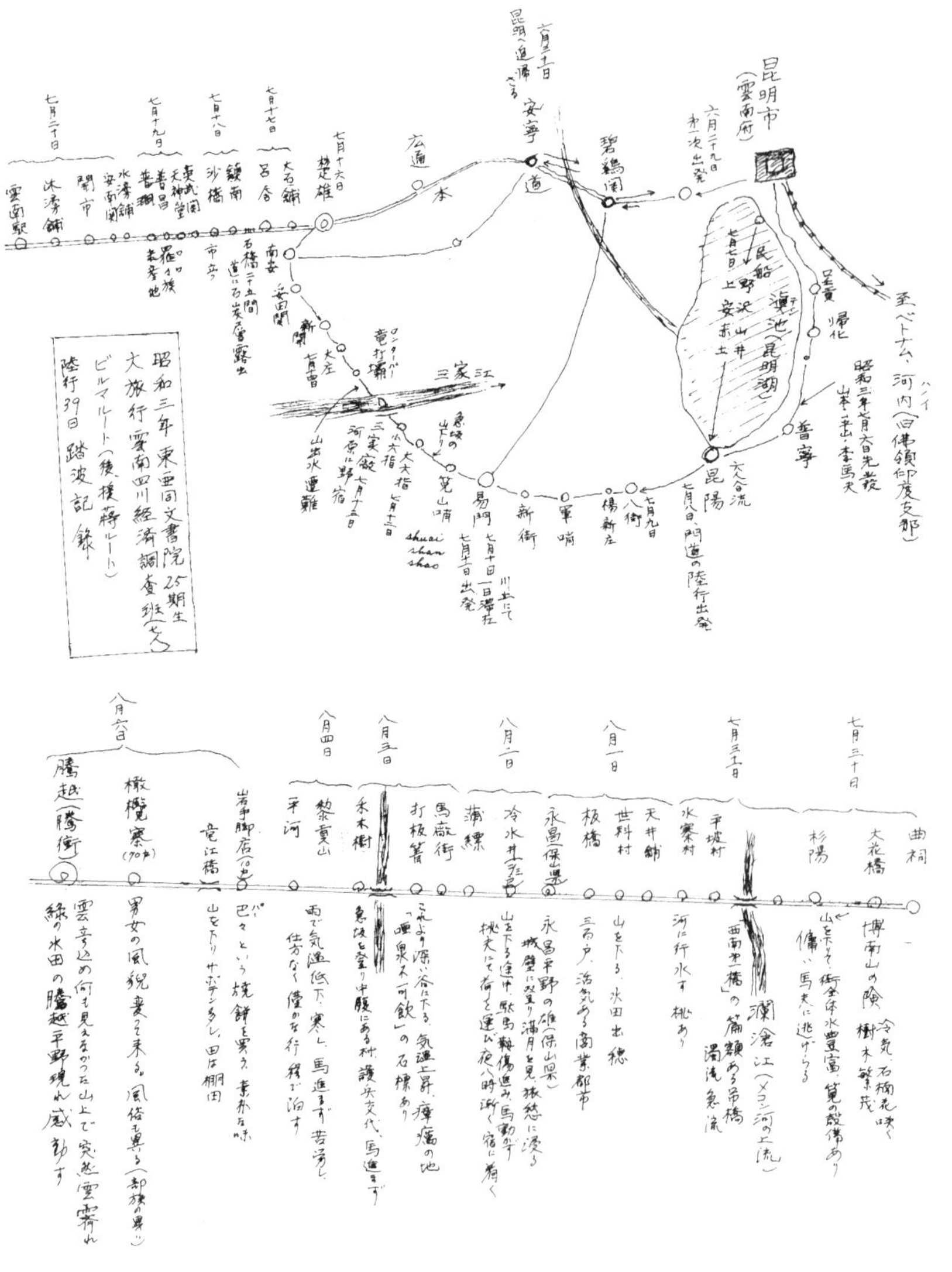

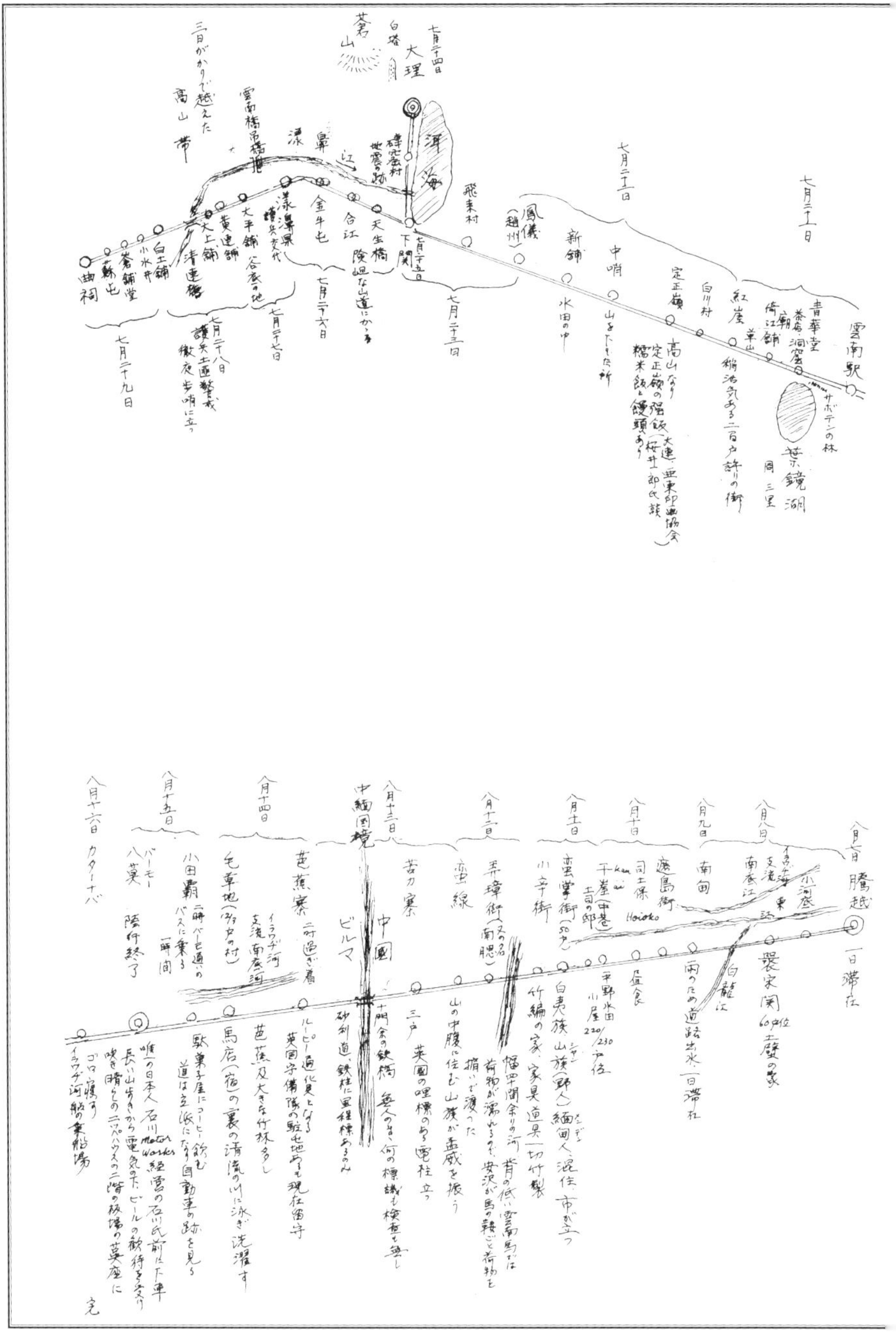
七月二十四日
大理
白塔
蒼山
洱海
碑宏村 地震の跡
三日がかりで越えた高山帯
雲南橋吊橋
漾濞
江
下関
七月二十五日
天生橋
険阻な山道にかかる
合江
金牛屯
七月二十六日
漾濞県
護兵交代
大平舗
谷底の地
七月二十七日
黄連舗
大上舗
清連鋪
七月二十八日
護兵土匪警戒
徹夜歩哨に立つ
白土舗
小水井
蒼舗堂
蘇屯
曲硐
七月二十九日
雲南駅
七月二十一日
青華堂
茶店、洞窟
朝
倚江舗
草山
サボテンの林
紅崖
稍活気ある二百戸許りの街
白川村
定正嶺
高山なり
定正嶺の強飯（大連・亜東印画協会 桜井一郎氏談）
糯米飯と饅頭あり
七月二十二日
中哨
山を下りた所
新舗
水田の中
鳳儀（趙州）
七月二十三日
飛来村
八月七日
騰越
一日滞在
小河底
東
江
八月八日
イラワジ河支流
南底江
白龍江
襲宋関
60戸位
土壁の家
八月九日
南甸
雨のため道路出水、一日滞在
八月十日
司土保
干崖（中巻）
kan ai
土司の邸
Hoioko
遮島街
昼食
平野水田
小屋 220/230戸位
八月十一日
蛮掌街（50戸）
小辛街
白夷族、山族（野人）緬甸人混住、市が立つ
竹編の家、家具道具一切竹製
八月十二日
弄璋街（又の名南腮）
蛮線
幅四十間余りの河 背の低い雲南馬では荷物が濡れるので、安沢が馬の鞍ごと荷物を揃いで渡った
山の中腹に住む山族が猛威を振う
八月十三日
中緬国境
苦力寨
中國
ビルマ
三戸
英国の里標のある電柱立つ
十間余の鉄橋 無人のまま、何の標識も検査も無し
砂利道、鉄柱に里程標あるのみ
芭蕉寨 二時過ぎ着
ルーピー通貨となる
英国守備隊の駐屯地あるも現在留守
八月十四日
毛草地（13戸の村）
イラワジ河支流南底河
芭蕉及大きな竹林多し
馬店（宿）の裏の清流の川に泳ぎ洗濯す
八月十五日
小田覇
二時バーモ通いのバスに乗る
一時間
駄菓子屋にコーヒー飲む
道は立派になり自動車の跡を見る
八月十六日
カターナバ
バーモー
八莫
陸行終了
唯一の日本人 石川Motor Works経営の石川氏前にて下車
長い山歩きから電気の下、ビールの歓待を受け
吹き晴らしの二ツパハウスの二階の板場の茣座に
ゴロ寝す
イラワジ河船の乗船場
完

通じて二億円の基金を貯め、毎年中日関係で文化的に功労のあった人達を表彰する制度があります。その人は薄井由さんという人で、平成一〇年に同文書院から基金の表彰を受けておられた。長野県飯山で昭和四三年に生まれた今年三九歳の女性です。後に長野県の須坂に住んで、今は特別職として長野県庁に勤めておられるそうですが、同文書院の旅行について研究され博士号まで取った人です。須坂高校を卒業して北京の語言学院というところへ留学して卒業し、その後また上海の復旦大学に入って地理・歴史研究所修士課程を卒業。さらにまた博士課程に進んで二〇〇四年の一月に雲南商業地理研究で博士号を取得されております。地理・歴史に関するたくさんの書物を上海の出版社から出して非常な評判をとっている人です。また大学に留学時分にラオスから来た留学生と知り合って国際結婚をされております。その面でも活躍されておられます。

今、霞山会が東亜同文書院に関して上海の交通大学と共同で研究を行なっておりますが、その研究の一端として書院各期の大旅行体験者から話を聞き取ることになって、特に私共のビルマルートの旅に注目され、その体験者の一人である私が生き残っているということで、ちょうど私の息子と同じ六五〜六六歳ぐらいのお父さんと一緒に、車で長野県から私の家へやってきました。いろいろ話をして夕方帰られたのでありますけれども、薄井さんは修士論文のテーマとして東亜同文書院の大旅行研究を選択され、博士論文を書くにあたっては同文書院の調査報告書および調査旅行日誌を手にして全部目を通された。東亜同文書院の大旅行の実態に迫りたいということで、私達の歩いた昆明からミャンマーへの道を、国境まで小型バスを利用して、一週間くらいで行ってこられた。私達が歩いた崖の狭い道、馬がよろけて崖から落ちそうになったこともあるし、馬の荷物が張ってると両方に岩があって通れない、そういう道を行ったのですが、薄井さんは「書院生の強靭な精神力、知力、体力に感心する。現在でも地元の漢民族が入ることを拒むような獣道のような崖道を、皆様方はよく果敢に踏み込まれて、道に迷いながらも徒歩旅行を完遂した。まったく本当に頭の下がるような思いがいたします」と書いておられます。我々はそれを非常に誇りにすると共に、八五年も経った今日、あそこが車で通れるようになったかと感慨無量です。この道はあとで大東亜戦争の時にアメリカが蒋介石に軍需物資を送って援助する、いわゆる「援蒋ルート*」と言われた道です。その時にジープなどが通れるように道が改修されたのだろうと思います。

援蒋ルート……四川省重慶に追い詰められていた蒋介石の国民党政権を支援するために、英米両国がビルマ（現ミャンマー）あるいは仏印と中国との国境の険しい山岳地帯に道路を建設し、軍需物資を輸送していたルートの日本側の呼び名。

私が同文書院のノートやその他全部が焼かれたという話をしましたら、薄井さんは信州へ帰られてからすぐに、私達が学校へ出した旅行報告、旅行日誌、天竺遊記と称した私の書いた文章、そういうものを全部コピーをとって送ってくれました。ということは、さっき私が見学した東亜同文書院大学記念センターに全部収められているので、薄井さんはここへ調査に来てひと月くらい滞在されたらしいのですが、そこで手に入れられて、思いがけなく私にコピーしてくださった。私は罫紙にカーボン紙を入れて書いて、陸軍省、外務省、学校と三枚とったと思うんですが、今頃あるはずがないと思っていたものが、コピーされてきました。八五年前の学生時分に私が書いたものを見て、ああ、あの頃けっこうよくやったもんだなと思いますが、非常にありがたく拝見して頂戴したのであります。

本間先生が終戦で引き揚げてくる時に、皆さんが手分けをして、私物を犠牲にしながらも同文書院の学籍簿*とか、後に鈴木擇郎先生*が愛知大学で中日大辞典*を編纂されたその時分のカード*とか原稿、私達の旅行報告書、そういうものを全部担いで帰られて、東亜同文書院大学記念センターに収まっている。それを利用されたわけです。今、愛知大学によって私達の旅行の資料がいろいろ研究されていることは、非常にありがたいことでございます。

天竺遊記

調査報告書に描かれた安澤氏直筆の中国村民のスケッチ（後ろ姿）
服装、装飾品などこと細やかに記録されている。同文書院生の実証主義がうかがわれる。

学籍簿……戦後の引揚げ時に手荷物の量が制限された中で、本間喜一学長や教員がリュックに手分けして持ち帰った東亜同文書院の学籍簿として貴重な存在になっている。

鈴木擇郎……書院第一五期生。書院在職期間：一九二〇（大正九）～一九四五（昭和二〇）年。書院助教授のち教授として、中国語を担当。戦後、愛知大学で『中日大辞典』の編纂に尽力し、一九六八（昭和四三）年に『中日大辞典』初版が刊行された。

中日大辞典……一九五四年、中国政府の郭沫若によって返還された戦前からの膨大な資料の蓄積をもとに一九六八年に愛知大学の編纂によって出版された辞書。

カード……上海にあった同文書院では、一九三二、三三年頃より華日辞典編集のための原稿カード作りが始まり、敗戦までにその数は一四万枚に及んだが、敵産として接収された。愛知大学創立後、しばらくして本間喜一学長（前同文書院大学学長）は鈴木擇郎教授らから相談を受け、この原稿カードを返還してもらうよう中国側に働きかけた結果、日本人民に贈られることとなった。一九五四年一二月に原稿カードの付託を受けた愛知大学は、翌年四月華日辞典編纂処を開設し、辞典の編集が開始され、日本初の本格的な『中日大辞典』を刊行することになった。

中日大辞典

東亜同文書院とその後の豊かな人生

昭和四年に同文書院を卒業して、丸紅と伊藤忠の前身である神戸の大同貿易というところに就職しました。「在学中入営延期願」を出して入営を延期してもらっていたのですが、卒業したら一年志願として秋には仙台の輜重隊大隊に入隊しました。その時分から一年志願兵は幹部候補生という制度に変わりました。一年でいったん除隊して、私はすぐその年に中国の漢口へ出張を命ぜられて転勤になりました。

当時の兵制ではいったん除隊して四か月後に勤務演習招集として、入る時は見習い士官として衛兵により敬礼を受けながら入営し、二〜三か月してから少尉に任官するという制度でありましたけれども、私は除隊してすぐ漢口へ行ったものですから、当時の中国（支那）は海外扱いで、日本の徴兵制度から免除されている。結局中途半端で、そのままで終わってしまいました。後で伍長に任ずとの辞令が来ました。

漢口にも出張所がありましたが、それから一夜揚子江を船で下った湖北省の武穴というところにも麻を集める出張所がありました。そこには三井とか岩井とか大同貿易とか、四〜五軒の麻を取引する商社が出張所を出していて、全部で日本人が一〇人ぐらい。麻が芽を出す六月時分から、翌年の旧正月の二月時分まで、人口二万の中国人ばかりの田舎町に滞在して、麻を積み出して日本に送るという仕事をしていたわけであります。

支那麻は馬場先生の商品学で習った苧麻で、英語ではチャイナグラスと言います。種から蒔いて数か月で刈り取る野州麻、あれは大麻ですが、大麻とは全然違って桑の木のように株になって、六〜七年は一年間に一番刈り、二番刈り、三番刈りと言って三回も収穫できる。それを繊維にする。当時日本では畳の縫い糸、蚊帳糸、あるいは靴や鞄の縫い糸、漁網、あらゆる物に使われた貴重品であり、麻の貿易は大同貿易の大宗品であった。マニラにはマニラ麻という固い繊維の麻がありますが、中国には支那麻というのがある。大同貿易は支那麻部があって、日本の帝国製麻とか中央繊維とかの麻会社に売ったものです。湖北、四川、湖南の三省から漢口へ集まってくるものは毛把麻と言うし、江西省から湖北省の武穴に集まってくるのは白麻。これは色で勝負するから白麻と言った。麻は植物ですから、産地の土質によって品質が全然違う。したがって産地名がすなわち麻の商品の銘柄になっている。たとえば湖北省の蒲圻とか嘉魚とか咸寧とか、たくさん地名がありますが、それがそのまま麻の品質で、そういうものを全部覚えなければならない。学校では苧麻として馬場先生から受けた講義で、やはり会社に入る前に予備知識があったから非常に助かったのであります。

漢口は今は武漢市と言っておりますけれども、終戦引き揚げまで麻に携わって一三年住みました。その間には二・二六事件があり、五・一五事件があり、満州事変、上海事変、大東亜戦争、みんな漢口にいる時に私は経験したのであります。戦争になってきて統制時代になると、麻が軍需品となり、一般人はもう買えなくて、軍の命令でもって軍の専門の国策会社の日華麻業株式会社を作らされた。そこに私もスペシャリストとして転じて、引き揚げまで麻の仕事をやりましたが、軍納ですから、漢口へ来た軍司令部、貨物廠、野戦倉庫、そういう軍の施設へしょっちゅう出入りして、いろいろ質問を受けていじめられたものであります。陸軍少将から退役で下ってきた社長に「お前ら金庫番と電話番だけ置いてあとは前線に出ろ」と言われ、結局占領地の各地にできた出張所の周りを督戦隊みたいに回って歩いたけれども、前線に出たからと言って麻が集まるわけはない。麻は軍の統制価格で買われるので、農民はみんな安値を嫌ってもう掘り起こしている。芋だの胡麻だのというのに転作している。産額が非常に少なくなっている。そういうわけで軍人の短見を陰でせせら笑って、こんなことでは戦争に勝てるわけがないと、敗戦を予感したようなことを囁き合っていたものであります。私は麻の増産宣伝隊というものを作って、当時、戦時中は空しいながらも何かあがいていなければならない。それで漢口の旅芸人の一座を六〜七人引き連れて、二週間ほど敵地区と隣接する麻の産地を、宣伝で旗を振って芸人達の寸劇を見せて回ったんですが、まことに空しい行為でありました。

戦後ナイロンが発明されて、天然繊維の苧麻などは全然用がなくなった。忘れられた存在、斜陽産業となって、その後中国からいろいろ引き合いがきましたが、もう誰も見向きもしないようになりました。おそらく麻の産地の湖北省あたりでも、自家用の物を除いてはみんな掘り起こされ、麻を商売として作っている農民はもう一人もいないだろうと思います。

終戦の前の年、英租界に出勤中、私の宿舎である日本租界の社宅がＢ29の焼夷弾攻撃を受けて全部焼かれた。そして私の大旅行の日誌とかメモ、手帳、そういうものを全部焼かれ、また学校の卒業アルバムとか私物などの私有財産も全部焼かれた。それは前の日不時着したアメリカ人の飛行士を日本の領事館警察が町を引き回したので、捕虜虐待で、早速通報によって報復爆撃が来たのでありました。

翌二〇年春から終戦まで、軍政地区として一般の日本人が入れない、焼土戦術で三度も焼かれた湖南省の長沙の町へ軍嘱託となって、ピストルや軍刀を提げて軍装しながら、湖南軍政部へ勤務で出かけました。昼は貨車を松林に隠し、夜だけ走るということで、昔なら二日くらいで行った長沙の町へ、一週間もかかって夜ばかりで行きました。そこでもまた軍政部に勤めている傍ら、籾から焼酎を作って、それを蒸留して自動車用のアルコールをとるということで、社員の後輩を連れて行って小さい小屋で小工場を営んでおりました。ようやくドラム缶三本のアルコールができたところで終戦になって、漢口まで引き揚げて帰ったわけであります。

翌二一年二月に居留民の先発部隊として海軍の船によって揚子江を下り、上海から家族の待つ日本へ引き揚げてきたのであります。そして昭和二六年、ちょうど朝鮮戦争が始まった時に東京へ出て、それから三〇年の会社員生活。会社も変わり、住まいも住宅難によって散々転居しました。昭和三九年の東京オリンピックを境にして日本はだんだん高度成長期に入っていきます。我々の収入も安定して、子供達も高校から大学を出る。就職してみんな自立した。我々じいさんばあさん二人っきり。それで当時住んでいた神奈川県から今の松が谷という多摩ニュータウンへ引っ越してきました。ようやくそこで安定した住まいをすることになって、家内も喜んで八王子の町の短歌会に入って、歌友と歌を作って楽しい人生を送りながら八二歳で死んでゆきました。私は翌年の平成六年に、家内が出したいと言って途中で死んだ未刊の歌集の原稿を整理して、『沙羅の花』と題して遺歌集を出版してやり、一周忌の墓前に供えたのであります。今年五月には富士霊園で一三回忌の法事も営んでやりました。

私は在勤中の六〇歳から、幼い時分に実家の掛軸・屏風などで馴染んでいた南画の会に入って研修を続けていたのですが、運良く会社を退職した直後に、神奈川県の当時住んでいた綾瀬市というところの教育委員会から、水墨画の初歩の講習会を三か月やってくれということで講師を引き受けて、それが終了してから、今度は自主学級グループとして続けたいという要望によって、それを契機として東京の大井町（今は大崎でやってます）、神奈川県の綾瀬市など三か所に教室を作って、筆と硯の入った鞄を提げて出張教授に出かけて歩く、それをずっと今日まで続けてきております。東京の銀座や上野で毎年財団法人書壇院の展覧会があって、その他所属する同門の展覧会に毎都度必ず出品を続け、今は書壇院の審査会員という地位を得ております。

終戦で引き揚げてきた後、今度は留守にした日本を知らなければならないということでハイキングの会に入って、会長が九〇歳で死んで会が消滅するまで約三〇数年、山歩きをやってきました。関東甲信越、特に秩父の山々によく行きました。日長になると夏は三泊四日ぐらいで東北の旅で、月山、湯沢山、羽黒山、出羽三山、鳥海山、岩木山、岩手山、高山植物で有名な早池峰山、秋田の栗駒山、こういうものを全部歩いてきました。ちょうど日本の百名山に入っている山々です。その時必ずスケッチブックを持って行って、わずかな時間で手当たり次第に風物を描いていく。これが絵日記として五〇冊もたまっております。あれは何月だったかなと参照する時もためになるし、思い出の資料となって非常に役立っております。

また終戦後引き揚げで、各県出身の同文書院のクラスメイトが、みんなそれぞれの国に帰って定住した。それが連絡を取り合って江南春秋会と称して、毎年一回あっちこっちの温泉地とか有名なところでクラス会を開いていた。これが一七～一八回も続いたんですが、平成五年に長野県の上諏訪大会を最後に解散しました。みんなもう老人になってヨボヨボになり、そして死んでしまったので、私一人ではクラス会もできません。私の日本の旅は、老人会の旅行とか旅行社のパック旅行なんかも入れまして、北は北海道から南は沖縄まで、全国の都道府県にみんな足跡を印すことができました。日本を知ることができたわけです。

地域の盆踊り大会を契機として、八三歳から日本舞踊の先生に弟子入りしました。八八歳の私の米寿記念の日に家内が死んだのでありますけれども、今までは家内が夕食作りをしている間に私は踊りの稽古をやっていましたが、一人暮らしになったものですから、今度は自分が主夫となって自分の食い扶持を自炊しなければならない。日本舞踊はその曲ごとに振りが違うから、絶えず練習しなければならない。それができなくなってやめました。またダンスは今も盛会を続ける八王子社交ダンス連盟というのがあって、その支部が近くの公民館にでき、毎週水・土の二日、午後ずっと四時まで、一五年間続けました。それで昨年の三月、一五周年記念パーティーが開かれたのを機に、だいぶ身体もこわばってダンスどころではなくなってきましたから、引退しました。九九歳まで一五年間もダンスをすることができたということは、まことに幸せでありました。ハイキングをしたということは、雲南からビルマまで歩いたという足の自信があって、それからダンス、舞踊はリズムに合わせて身体を柔軟に動かすということですが、これはやはり中学から同文書院まで続いた柔道が、柔らかな身体と運動神経を要するという点において、踊りやダンスにも通ずるものがあるとしてやってきたのであります。

私は排日運動の盛んな頃から中国にいて、満州事変、上海事変、大東亜戦争等、戦争の時代を過ごしてきましたけれども、甲種合格の身体で戦争に招集されなかったということは好運で、比較的安穏な生活によって生命を温存して今日まで長生きできたと思っております。老後の第二の人生は、気ままに趣味の道を楽しんできたので、もはや「我が人生に悔いなし」に近い心境であります。二〇歳過ぎの青春の血気盛んの頃に東亜同文書院という素晴らしい学校に中国語を学び、先覚の思想に触れて日中の楔たるべく大陸に働く志を得、日本各地出身の友および中国の人達と交わって人格もでき、生涯の生きてゆく道も教えられてきたということは誠に好運であったと思います。東亜同文書院の寮で過ごした学生時代の四年間、これは我が人生の最も充実した時で、花の時期であったと、今思い出しても懐かしく回想しているのでございます。長いことご清聴ありがとうございました。

質疑応答

司会　どうもありがとうございました。私は司会役をさせていただきます愛知大学東亜同文書院大学記念センター運営委員の馬場毅と申します。ただいまの安澤先生のお話は論旨も明晰ですしユーモアも交えられて、大変面白いお話でした。特に講演内容として東亜同文書院に入学以後の生活、それからその後それがどのように生かされたかをお話になりました。先ほどのお話ですと、たとえば柔道で鍛えたことが九九歳まで踊りやダンスをおやりになったことにつながったということでした。

個人的に印象に残ったのは、同文書院の授業の内容です。たとえば旅行用語とか中国語とか英語とか尺牘とか、あるいは馬場鍬太郎さんのお書きになった本とか、商品学とか、「春秋左氏伝」とか、貿易実務とか。これは私共教員の間でいわゆるカリキュラムと言われている内容なんですけれども、カリキュラム表自体は私は見たことがあります。ただその授業を受けた学生がどのように受け取ってそれを後の人生にどう生かしたかという話を初めて伺いました。たとえば先ほどのお話ですと尺牘というのは非常に難しかったけれども、今は書などをお読みになるのに大変役に立っているというお話とか、商品学というのは綿花や苧麻を見分ける時に、大変社会生活の中で役に立ったという、これが非常に私としては新しい発見です。今愛知大学でもカリキュラム改革というのをやっていますが、愛知大学の学生は今二〇代ですから、八〇年後、社会に出てから自分の人生をずっと振り返って、果たしてこの授業が役に立ったと言えるのか。そういうことを我々は見通しているのかという点では、非常に印象に残りました。同時に東亜同文書院の教育内容が、やはりその時代の人達に大変合っていたんだろう、大きな影響を与えたんだろうということを改めて感じました。

それからもう一つ、私は歴史の勉強をしているものですから、歴史的事件が起きた時に、その現場にいた人は何が起こるか分からない。その場に臨んだ時にどうするか、その人が選択しないといけないわけです。今のお話ですとちょうど済南事件が起きてその結果排日運動が起き、雲南にいらっしゃって四川に抜けるルートが非常に危ないということで、ミャンマーのほうに抜けられた。そこは少数民族が多くて大変な地域だった。土匪（匪賊）に襲われるかも知れないという危険性もあった。実際には襲われたことはないというお話でしたけれども。

済南事件は教科書に出ている有名な事件です。けれども今の高校生・大学生にその話をしたら、単なる単語なんですね。ところがその場にいらした方にとっては予期しないことで、はやりの言い方で言えば「想定外」のことが起きるわけです。その中で人間が選択を迫られる。そういうお話を、本当はもう少し詳しく伺えればと私は個人的に思いました。そういう箇所が随所にありました。文字などで知るより、実際にそこにいらした方のお話を聞かせていただくと、テレビドラマにでもなりそうな映像が浮かび臨場感を伴い、大変面白かったし勉強になりました。

ではこれから少しご質問を受けたいと思います。どなたかご発言下さい。

質問者　父が二五期生で先生と同期なので大変親近感が湧きます。私は信州の松本の隣の波田町から来ました。上高地から乗鞍へ行く途中の、玄関口です。先生に一つ聞きたいことがありますが、私の父は五人ばかりで北の満蒙のほうに調査旅行に行きました。実は私は会社を退職して世界中を旅行したいと思っていまして、今年の四月に半月ばかりアメリカに行ってきましたけれども、今度は中国旅行で父のめぐったところをできるだけ回ってきたいと思います。それでどのような形で回ってくればいいか。そしてやはり見たことの報告書を書きたいと思っています。私は高校は松商学園を出ていまして商業に関心があります。松商の時の久保田正三校長は同文書院一六期の卒業生です。松商は当時野球が強かったです（今はちょっとだめですが）。短期大学も当時久保田さんが作りました。そういうことでぜひ何とかアドバイスしてもらえれば大変ありがたいです。

安澤　今初めて承りました。久保田先生は私達の四年生の時の貿易実務を教えて下さった方です。今、中国内をめぐることについては中国も非常に発展していますので、どういうコースがよいのか、ちょっと思いつきませんね。

司会　他にいらっしゃいますか。

李　愛知大学経済学部の李春利と申します。昨年から一年生向けの学習法として授業で「大旅行誌」をテキストにして学生に読んでもらってきたんです。今年の春学期も先週まであったんですが、一年生は四苦八苦していやいやながら何とか付いてきたという感じです。その時にいろんな質問を受けますが、私の答える能力を超えるような質問がいくつかあります。せっかく旅行の当事者の安澤先生がおられますので、関連する質問に、答えられる限りでいいので教えていただければ幸いです。

一つはこれだけ全学年の学生が、三か月から半年と大旅行に参加して報告書を書くわけですから、ずいぶんお金がかかったと思います。いったい一つの班がどれぐらいお金を持って出かけるのかということを、もし覚えていらっしゃれば。またお金の感覚は今に換算すればどんな感じなのか、あわせてお金はどういうルートから得られたのかについて教えてください。

安澤　学校からどれぐらいもらったかは覚えていませんけれども、家からは当時の金で一〇〇円もらったのを覚えています。学校から出る費用は会計係が預かっていました。我々は馬なんかを手に入れるのに交渉係とか決めていましたから。あとで旅費が足りなくなって、シンガポールへ行ってから電報を打って送金してもらったこともあります。

李　ありがとうございます。もう一つは、これもよく受ける質問ですが、中国での東亜同文書院に関する評価は、日本の資料を見ても、またテレビなどを見てもそうですが、賛否両論と言うかむしろマイナス的なところが多いように思います。書院生同士で日中関係の狭間に立たされてきたわけですが、中国での同文書院に関する評価については、大先輩としてどのように見ていらっしゃるのか、あるいはこれからどういうふうに中国の人にその歴史を伝えていけばいいのか、そのあたりの書院生の感想を教えていただければ幸いです。

安澤　あまりそういうことについて触れたことはありませんけれども、揚子江を下る船の中などで、向こうの学生なんかと一緒になって話したことはあります。同文書院については、かなり知る人は知っていまして、尊敬してくれていました。あとはあまり聞いたことはありませんから、他にはちょっと記憶がありませんですね。まあしかし我々は麻の商売で、漢口では一〇軒ぐらい軒を並べているところを毎日商況を探りに麻屋回りをしたんですが、そういう時分に現地で覚えた言葉よりも、私達は北京語を習っていて、漢口ではちょっとくだけてますけれども、「あなたの中国語は立派ですね」とよく褒められました。そうした点についてはやっぱり同文書院は尊敬されていたんじゃないかと思います。

司会 李先生いいでしょうか。安澤先生はちょっとお耳が遠いので、藤田先生が筆記されてお話をされているんですけれども、そのために少し質問とお答えにずれがあることをお含みください。他には。

質問者 私が中国に行ったのは支那事変のあったあとで、小学生でした。東京で「南京の陥落」とか言って提灯行列があったり、皇紀二六〇〇年の記念祭をやったのが小学校時代の思い出に残っています。それからみんなで靖国神社をお参りしたり、東京の小学生は皇居へみんな歩いて行きました。その頃先生が回られた中国の人達はどんなふうでしたか。最近靖国神社問題などを見ていて、ちょっと感じたものですから。それともう一つは、東京の西神田で、予備校所在地のところに東亜同文書院という名前がありました。それでてっきり愛知大学と関係があると思っていたら、東亜同文書院予備校とは違っていたようです。周恩来がその予備校に通ったというので、手早く愛知大学と思って私は愛知大学に尋ねたんです。東亜同文書院の予備校というのが東京にあって、上海とかそういうほうの高校とは関係がなかったんでしょうか。その二つです。

安澤 同文書院の予備校は聞いたことがありません。

注……周恩来が学んだのは神田神保町にあった東亜高等予備学校

質問者　（もう一つの質問について）今ではなく、戦争中の小学生がお参りに行きました。

司会　そのことを当時の中国人がどう思っていたかということですね。

質問者　はい。「南京陥落」が昭和一五年頃だったでしょうか。

来聴者　一二年です。

安澤　ちょっと分かりませんが「南京陥落」では盛んに提灯行列をやりましたね。それは分かっているんですが、向こうの人がどう思っているかは聞いたことがありませんね。

質問者　なかなか日本人がひどいことをしたらしいという話を聞いたことがあるんです。

安澤　ひどいことをしたのは漢口あたりで盛んに見ています。日本から来た兵隊なんかは、中国人は敵国人だから殺したほうがお国のためだ、ぐらいに思っておったんですね。兵隊が町の露店で酔っぱらったまねをして南京豆の屋台をひっくり返したり、そういうことをするのがたくさんいて、我々はやっぱり……。だから向こうでは日本の兵隊は「ガオ（虎）」だと言っていましたね。日本の兵卒達の浅はかな連中が、盛んに乱暴をしたりかっぱらったり、そういうことをやるのを見かけました。

司会　他にはいかがですか。

質問者　まことにつまらない質問ですけれども里見甫をご存じでしょうか。書院の一三期の卒業生なんですが。もし里見甫についてご存じでしたら印象なりを。宏済善堂、阿片の取引商で非常に名高かったんですが。

安澤　書院の先輩なんかはだいぶ分かっているんですが、里見さんについては私は知りませんでした。

質問者　そうですか。ありがとうございます。

司会　では最後の質問を。

質問者　私は愛知大学の大学院に現在通っている学生です。愛知大学で日中戦争に関する研究をしているんですが、日本が満州事変以後中国と戦争する中で、満州国という傀儡政権を作りました。私は現在冀東防共自治政府*という傀儡政権の研究をしているんですけれども、汪兆銘政権*をはじめさまざまな傀儡政権を中国に作っていった中で、東亜同文書院の卒業生の方の中にも協力された方がおられるようです。東亜同文書院の設立の趣旨は日中の平和・友好ということだったんですが、その卒業生の方が残念ながらと言うか、満州国とか傀儡政権とかいう中で戦争に協力していってしまったわけですね。それでお聞きしたいんですけれども、設立の趣旨が日中友好という形で東亜同文書院ができて、そこを卒業した学生がなぜそういう戦争に協力するような形で政権に関わっていったのか。安澤先生もそういうところに関わった可能性・機会もあったかも知れないんですけれども、安澤先生がそういうところに関わらなかったのはなぜか、というところをお聞きしたいと思います。

冀東防共自治政府（きとうぼうきょうじちせいふ）……一九三五年から一九三八年まで中国河北省にあった殷汝耕（いんじょこう）を首班とする政権。北支分離を謀る日本（関東軍）が作成した傀儡政権とされる。

汪兆銘政権……汪兆銘（おうちょうめい、一八八三〜一九四四）は、知日派として知られた中国の政治家。号は精衛。一九四〇年に日本政府に支援されて政権をつくった。

安澤　私達の同文書院の中国語の先生だった清水董三先生は、あとで外務省へ入って、戦時中は汪兆銘の通訳などをされた。それから私達の同級生で岡田尚というのも、岡田有民*という昔の中国浪人と言われた人の伜（せがれ）ですけれども、通訳なんかやりながら手腕を磨いて、片や清水先生、片や岡田尚、それぞれ汪兆銘と南京入城の松井大将*とか、そういうふうに先生と弟子がお互いに通訳をやって向かい合ったというようなこともあります。中国の人の思惑というのは、ちょっと私はそこまで分かりません。あまり政治的な方面に頭を突っ込んでいませんでしたから。

岡田有民（おかだ　ゆうみん）……山田純三郎らと共に、民間人として孫文を支援した。

松井大将……松井　石根（まつい　いわね、愛知県出身　一八七八〜一九四八）。中支那方面軍司令官兼上海派遣軍司令官として、南京大虐殺の責任により東京裁判にて死刑判決を受ける。

司会　質問のもう一つの箇所についてはちょっとお答えがないのですが、それはまた次の懇親会の機会に聞いてください。すみません。一応以上で質問を終わらせていただきます。最後に花束贈呈があるんですが、実はそのあと若干時間をとらせていただきたいんです。第二部を用意しております。ではここで安澤先生に花束を贈呈します。よろしくお願いします。

——愛知大学の同窓会から安澤先生に花束贈呈です。

中島　今日は大旅行のお話が出ました。せっかくの機会なので、それを更に盛り上げていただきたいと思います。同文書院には大旅行に出かける時に後輩が歌った歌があるんです。たまたま今日、何人かの安澤さんの後輩の方が見えておりますので、その歌を歌っていただきたいと思っております。

元書院生　私共は東亜同文書院卒業生です。ここに『嵐吹け吹け』という歌があります。これは四年生が大旅行に出発する朝、後輩が校門で贈る歌です。ですから大旅行に出る四年生はこの歌を歌わないのです。これを聴くんです。歌うのは下級生の在校生。出発する朝、校門で歌う歌です。そういうことで我々が歌います。

大旅行壮行の歌『嵐吹け吹け』

第五期生　阿南鎮民氏　作歌

嵐吹け吹け韃靼颪し
　雪の蒙古に日が暮れる
征鞍照らす月影に
　仰げば空に雁の聲
ほんに忘れようか桂野里の
　可愛い稚子さんが目に踊る
殺気満ちたる馬賊の歌は
　何所で飲んだか酒くさい

司会　本日は長いあいだ多くの方にご参加いただきましてありがとうございます。それから安澤先生も長い時間ありがとうございました（拍手）。

安澤隆雄氏　略歴

◉明治39年７月20日新潟市木山に生まれる。現在100歳

◉経　歴

大正14年　新潟県立巻中学校卒

　　　　　上海東亜同文書院入学。中国大陸へ渡る

［上海東亜同文書院の学生時代、卒業論文に代る中国調査大旅行にて中国雲南省昆明より隣国ビルマ（現ミャンマー）の八莫（バーモ）まで、徒歩40日の陸行をした。上海を５月末日出発、９月16日の帰校まで、足かけ４か月、111日の大旅行を行った］

昭和４年　上海東亜同文書院卒業

　　　　　神戸市大同貿易㈱入社

　　　　　中国漢口出張所勤務　支那麻（苧麻）の対日輸出業務に従事

　　　　　仙台輜重兵第二大隊、幹部候補生入営。除隊後、任官のための勤務演習の召集には海外在住により免除となり、伍長に任ぜられる。戦時中の召集は無し

昭和16年　漢口日華麻業㈱入社　苧麻の軍納業務に従事

昭和21年　終戦により引き揚げ　新潟に住む

昭和26年　上京　日本橋の日本麻業㈱入社

　その後、田辺工業、油谷重工東部センター入社

昭和56年12月　現在住んでいる八王子市松が谷に居をうつす

◉趣味活動

ハイキング30年、社交ダンス15年、日本舞踊５年、水墨南画40年と多彩な趣味を長年続け、100歳になった今でも南画の講師を務める。現在、財団法人書壇院審査会員、水墨南画教室蘭友会・紅樹会主宰

『東亜同文書院記念報』総目次

号数	発行日	タイトル	執筆者
創刊号	一九九四年三月	創刊に際して	今泉潤太郎
		愛知大学文化講演会より収録　一九三〇年前後の上海　日中の交流にふれて	尾崎秀樹
		朝日新聞連載「太平洋戦争五十年―戦争と人々第二八部」より 上海にあった日本の学校　東亜同文書院	毛井正勝
		中国・辛亥革命から八十年　本学へ孫文関係史資料寄託される	藤田佳久
		同文書院記念センター・リポート　「孫文・辛亥革命と山田良政・純三郎資料展」 愛知大学東亜同文書院大学記念センター「交歓会」開く	
		東亜同文書院大学記念センターの発足に寄せて　愛知大学の建学精神の再構築	大野一石
		「東亜同文書院大学と愛知大学」に寄せられたメッセージ	
		愛知大学東亜同文書院大学記念センター設立趣意書と規程	
		愛知大学東亜同文書院大学記念センターの経過報告と役員・委員名簿	
2	一九九五年三月	講演記録「東亜同文書院研究をめぐって」	黄　美真
		講演記録「東亜同文書院大旅行の精神史的意味」	栗田尚弥
		北京市の図書館と「東亜同文書院」関係資料	藤森　猛
		東亜同文書院大学の資料の行方	森　久男
		ソウル南山市立図書館における同文書院、愛知大学関係書籍所蔵例リスト	藤森　猛
		「東亜同文書院大学と愛知大学」に寄せられたメッセージ・第二編	
		新聞報道にみる「東亜同文書院大学」関係記事	
		愛知大学東亜同文書院大学記念センター経過報告	
		愛知大学東亜同文書院大学記念センター設立趣意書	

3	一九九六年三月	座談会「孫文・辛亥革命と山田兄弟関係資料受け入れ経緯」	阿部　弘 大野一石 村上　武
		二つのＮＨＫラジオ日本放送	
		「東亜同文書院大学と愛知大学」に寄せられたメッセージ・第三編	
		「東亜同文書院大学」関係記事等見出し抄録	
		愛知大学東亜同文書院大学記念センター経過報告	
		愛知大学東亜同文書院大学記念センター設立趣意書	
		愛知大学東亜同文書院大学記念センター規定	
4	一九九六年九月	孫文、山田良政・純三郎関係資料補遺	今泉潤太郎 佃　隆一郎 藤森　猛
5	一九九八年四月	愛知大学東亜同文書大学院記念センター展示室開設について	
		愛知大学東亜同文書大学院記念センター賛助会員加入のお願い	
		愛知大学東亜同文書大学院記念センター展示室の内容	
		孫文、山田良政・純三郎関係資料補遺(続)	今泉潤太郎 武井義和
		ブックレット「東亜同文書院と愛知大学」に寄せられたメッセージ・第四編	
		同文書院関係記事見出し抄録	
		愛知大学東亜同文書大学院記念センター経過報告	
		愛知大学東亜同文書大学院記念センター設立趣意書	
		愛知大学同文書院大学記念センター規定	
6	一九九九年二月	講演記録「中国の改革に生きる東亜同文会の遺産」	江頭数馬
		愛知大学東亜同文書院大学記念センター展示室開設記念式典記録	

		愛知大学東亜同文書院記念センター展示室紹介	
7	二〇〇〇年三月	上海東亜同文書院（大学）資料の発見及び価値	房 建昌
		中国人学者看到的「中日友好交流」―兼淡東亜同文書院大学	趙 建民
		ブックレット『東亜同文書院大学と愛知大学』の編集に携わって	山下輝夫
8	二〇〇一年三月	『北京国家図書館所蔵東亜同文書院一九三八―四三年 書院生夏季旅行調査報告書及び日誌目録』	房 建昌
9	二〇〇一年五月	東亜同文書院卒業生の軌跡―東亜同文書院卒業生へのアンケート調査から	藤田佳久
10	二〇〇二年三月	東亜同文書院創立百周年記念式典	
		滬友会会長挨拶	春名和雄
		愛知大学学長挨拶	武田信照
		霞山会会長祝辞	近衛通隆
		愛知大学同窓会会長祝辞	小田啓二
		『長江の流れは絶えず』―東亜同文書院創立百周年記念講演	衛藤瀋吉
		大成功裡に終った東亜同文書院創立百周年記念行事	小崎昌業
		同文書院創立百周年記念行事スケッチ	
11	二〇〇三年三月	東亜同文書院入学者の群像―海を渡って学びに行った若者たち	佐々木 亨
		『東亜同文書院』関係資料調査記	後藤峰晴
		トピックス　盛会だった滬友会の新年賀詞交歓会	中島寛司
12	二〇〇四年三月	シンポジウム「東亜同文書院の軌跡と日中関係への展望」	
		ごあいさつ	武田信照
		東亜同文書院出身者と日中関係	小崎昌業
		近代史の中の東亜同文書院	栗田尚弥
		孫文と近代中国―日本・アジアへの視角	藤井昇三

		総合討論	（司会）藤田佳久
		報告　米国における東亜同文書院大学と愛知大学の「中日大辞典現象」	李　春利
		編集後記	
13	二〇〇五年三月	講演記録「北京興亜学院から北京経済専門学校へ」	石田　寛
		研修報告「アメリカにおける東亜同文書院関係の収蔵資料について」	成瀬さよ子
		櫻木俊一氏関係資料について	武井義和
		学生公募論文　最優秀賞受賞論文	
		「東アジアの持続的発展と日本の役割、そして私—発展するファッション界」	冨谷佳美
		「東アジアの持続的発展と日本の役割、そして私」	白　鷺
14	二〇〇六年三月	講演記録「建国大学・創立から閉学まで」	宮沢恵理子
		講演記録「〝志〟に生きた建国大学」	桑原亮人
		質疑応答	
		「愛知大学東亜同文書院大学記念センター　所蔵資料目録」	武井義和
		史料紹介「東亜同文書院大学から愛知大学への〝過渡期〟の書簡—呉羽分校長が、帰国直前の学長へ発したメッセージ」	佃　隆一郎

『東亜同文書院大学と愛知大学』総目次

	発行年	タイトル	執筆者
第1集（一九四〇年代・学生たちの青春群像）	一九九三年	はじめに	
		愛知大学との出会い	元NHK解説委員 小林一夫
		愛知大学の原点は東亜同文書院大学 —その建学精神の継承と発展	元在ルーマニア特命全権大使 小崎昌業
		私記 東亜同文書院大学と愛知大学	元読売新聞社編集委員 釜井卓三
		新聞（朝日・中日）掲載記事・カラーグラビア（現在の愛知大学キャンパススナップ）	
		「幻」ではない東亜同文書院と東亜同文書院大学	愛知大学文学部教授 藤田佳久
第2集	一九九四年	はじめに	
		『馬馬虎虎』の一語—同文書院終焉前後の想い出	元中部日本放送㈱ 論説委員長 松山昭治
		不幸な時代の青春の記録—東亜同文書院生と反戦運動	中日新聞・東京新聞論説委員 伊藤喜久蔵
		祖父、大内暢三の肖像—日中戦争開始時の東亜同文書院院長	元NHKアジア部長 川原寅男
		十年ひと昔、それでも中国—商社マンの歩んだ五十年	前上海交通大学日本語専家 吉川績
		【特別寄稿】上海から豊橋へ—「一世紀」の校歴をたどる	朝日新聞編集員 毛井正勝
		【資料】東亜同文書院の展開プロセス一覧	
第3集	一九九五年	書院・上海・日本—わがこころの記	同文書院40期 元毎日新聞西部本社編集局長 日野晃
		わが故郷 東亜同文書院と父 鈴木擇郎	同文書院46期・愛大旧制5期 早稲田大学第一文学部非常勤講師 鈴木康雄

		上海同文書院と愛知大学	米カリフォルニア大学バークレー校訪問教授　林 文月
		NHKテレビ番組『上海・幻の名門校—東亜同文書院生の軌跡から』スクリプト	NHK名古屋放送センター番組制作ディレクター　福田哲夫
		【資料】東亜同文書院の展開プロセス一覧	
第4集	一九九六年	ブックレット『東亜同文書院大学と愛知大学』刊行について	
		私と中国—若き日の思い出	兼松㈱相談役・前会長　小田啓二
		幻の学舎　東亜同文書院	日本経済新聞記者　中野圭介
		敗戦前後の学長　本間喜一の人と足跡	朝日新聞社会部編集委員　毛井正勝
		東亜同文書院創立者　近衛篤麿の人と思想	愛知大学法学部教授　加々美光行
		【資料】東亜同文書院の展開プロセス一覧	

愛知大学東亜同文書院大学記念センター

愛知大学東亜同文書院ブックレット ❶

東亜同文書院とわが生涯の100年

2006年11月15日　第1刷　　2008年5月1日　第2刷発行

著者⊙安澤 隆雄 ©

編集⊙愛知大学東亜同文書院大学記念センター

〒441-8522 豊橋市町畑町1-1　Tel. 0532-47-4139

発行⊙株式会社 あるむ

〒460-0012 名古屋市中区千代田3-1-12　第三記念橋ビル
Tel. 052-332-0861　Fax. 052-332-0862
http://www.arm-p.co.jp　E-mail: arm@a.email.ne.jp

印刷⊙東邦印刷工業所

ISBN978-4-901095-77-8　C0323

刊行にあたって

愛知大学には、その前身校といえる東亜同文書院（一九〇一〜一九四五 上海）を記念した愛知大学東亜同文書院大学記念センターがあります。東亜同文書院や同大学の卒業生の方々からいただいた心のこもった基金をもとに東亜同文書院記念基金会が設立（一九九一年）されたあと、一九九三年に当記念センターが開設されました。

この記念センターは東亜同文書院の歴史と、その卒業生で孫文の秘書役を果した山田純三郎のもとに集められた孫文関係史資料の展示を中心に行ってきました。中国、アメリカ、イギリス、フランスなどからの来訪者も含め、多くの見学者が来られ、好評を博しております。

二〇〇六年五月、当記念センターは文部科学省の平成一八年度私立大学学術研究高度化推進事業（オープン・リサーチ・センター整備事業）に選定されました。これまでの当記念センターの実績が認められたものと思われます。

この「オープン・リサーチ・センター整備事業」に選定されたことにより、東亜同文書院大学とそれを継承した愛知大学の開学をめぐる歴史についてのシンポジウムや講演会、研究会の開催をはじめ、東亜同文書院大学の性格やその中国研究、愛知大学の継承的開設に関する研究も行なうことになりました。

そこで、この「オープン・リサーチ・センター整備事業」の開設記念の一環として東亜同文書院時代の貴重な体験などを記録し、多くの方々にも知っていただけるよう、ブックレット・シリーズを刊行することになりました。

学問の府の継承をとおして日中関係史に新たなページをつけ加える愛知大学東亜同文書院ブックレットの刊行にみなさんのご理解とご協力をいただければ幸いです。

二〇〇六年一一月一五日

愛知大学東亜同文書院大学記念センター センター長 藤田 佳久